Votre PREMIER PC

Christoph DONKER
Klaus TETLING
Heiko KRUGHÖFER

Ma
MICRO APPLICATION

Copyright   © 1996   Data Becker GmbH et Co. KG

Merowingerstr. 30

40223 Düsseldorf

© 1996   Micro Application

20-22, rue des Petits-Hôtels

75010 Paris

Téléphone :   53 34 20 20

Télécopie :   53 34 20 00

Internet :   microapp@dialup.francenet.fr

CompuServe :   100270,744

Auteurs   Christoph Donker
Klaus Tetling
Heiko Krughöfer

Traductrice   Hassina Abbasbhay

ISBN : 2-7429-0368-2

Référence DB : 441130

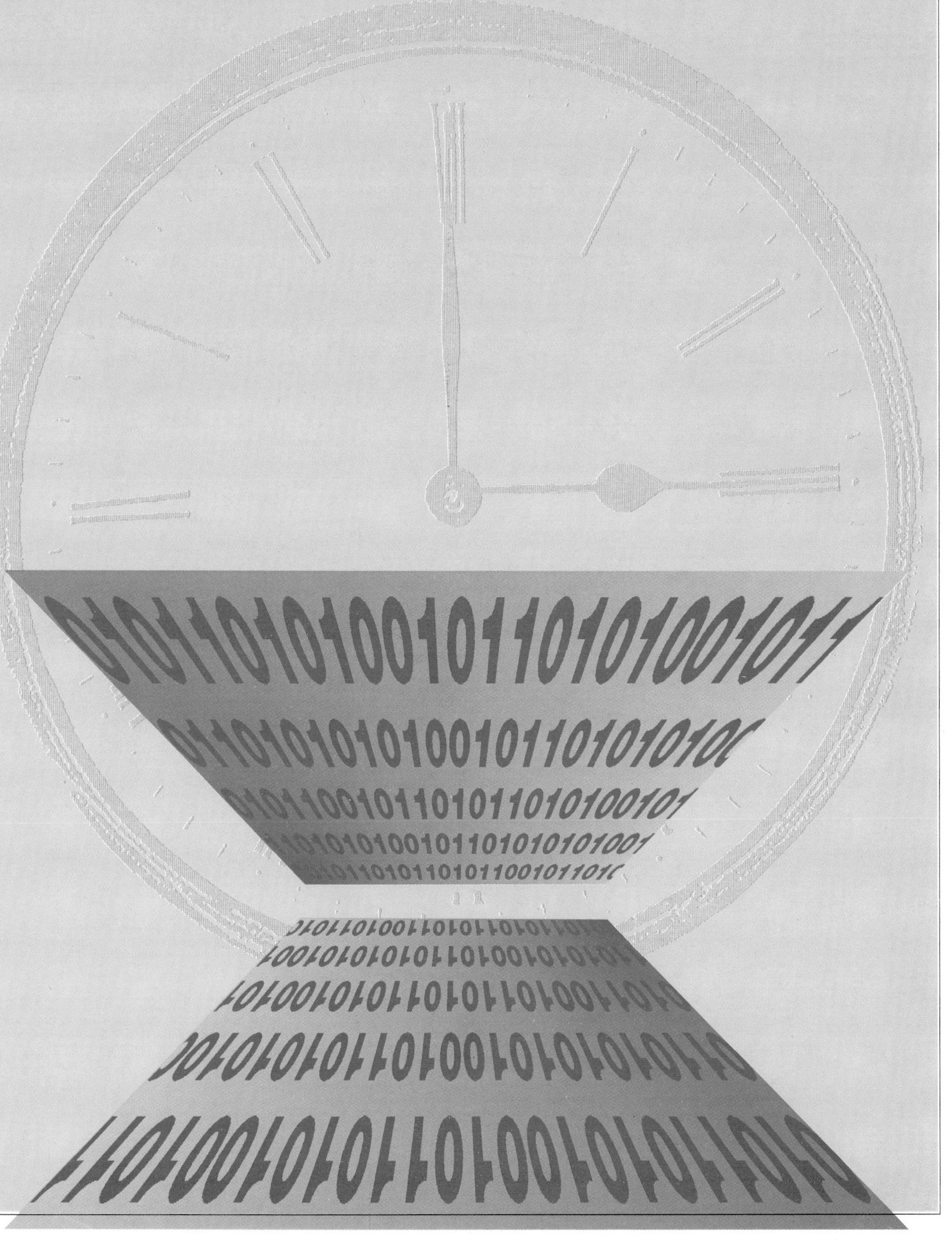

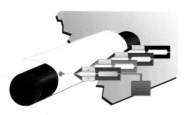
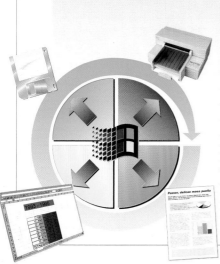

Chapitre 3 *Le PC en œuvre !*

Chapitre 4 *Son, image et vidéo sur PC : Multimédia*

Les astuces pratiques en un clin d'œil

Chapitre 1

Après l'achat du PC : Déballer et brancher

- **Achat**
- **Installation**
- **Ergonomie**
- **Composants du PC**
- **Vue de face**
- **Les modèles de boîtier**
- **Un moniteur, un usage**
- **Portables : en déplacement**
- **Mise sous tension**
- **Démarrage**
- **Le BIOS**

Bien préparer l'achat de son PC

L'achat d'un ordinateur n'est pas une simple question de confiance. Soyez bien préparé avant d'aller chez un revendeur. Le mieux est de noter sur une feuille les principales questions à soulever :

1) Pourquoi souhaitez-vous acquérir un ordinateur ? Voulez-vous rédiger des lettres, tenir votre budget familial ou archiver vos cassettes vidéo ? En prenant soin de bien définir les domaines d'utilisation, vous éviterez d'acheter un ordinateur surdimensionné et, par voie de conséquence, beaucoup trop cher.

2) Vous aurez besoin d'une panoplie d'éléments pour pouvoir exploiter correctement l'ordinateur. Le PC est composé d'une unité centrale, d'un moniteur, d'un clavier, d'une souris et très souvent d'une imprimante.

3) Un PC sans programme informatique est comme une maison sans toit. Que vous soyez un fervent écrivain ou un adepte des jeux, vous ne pourrez vous passer d'un traitement de texte, d'une base de données ou d'un logiciel de jeux, lesquels sont généralement assez onéreux.

4) Les magazines informatiques donnent par exemple de bons conseils sur l'achat d'un ordinateur. Ils ont en plus le mérite d'être objectifs. Faites confiance aux tests comparatifs effectués par les revues spécialisées si vous n'avez pas d'experts informatiques dans votre entourage.

5) N'hésitez jamais à comparer les prix ! Mais le prix n'indique pas tout. En comparant les offres, vous devrez notamment dresser la liste des éléments fournis avec le PC. Elle doit inclure par exemple le système d'exploitation et Windows.

Acheter chez le revendeur ou par correspondance ?

Les offres de vente par correspondance attirent l'oeil du lecteur par leurs prix mirifiques qui sont souvent nettement plus bas que ceux proposés par un revendeur. Dans une vente par correspondance, n'oubliez pas que les frais encourus par une éventuelle réclamation sont souvent à votre charge. Mais les ventes par correspondance sont elles aussi soumises à offrir des garanties légales. Acheter par correspondance est une solution idéale si on peut se passer des services et des conseils techniques. Dans tous les cas, vous devrez conserver l'emballage d'origine et tester minutieusement le PC immédiatement après l'avoir reçu. Les avantages d'un achat chez le revendeur sont clairs. Vous pouvez demander une démonstration avant l'achat et faire directement des réclamations sur place ou exiger des services supplémentaires comme l'installation de l'ordinateur.

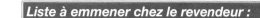

De quoi s'agit-il réellement : matériel et logiciel ?

Un ordinateur a besoin d'un logiciel (software) pour fonctionner. Le logiciel est une succession de commandes et instructions réunies dans un programme informatique - tel un traitement de texte -. Le matériel (hardware) - tout ce qui peut être connecté à l'ordinateur, depuis le boîter jusqu'au moniteur - exécute ces instructions. Sans logiciel, le matériel serait tout simplement bon à rien.

Liste à emmener chez le revendeur :

Prenez les précautions suivantes !
- Demandez une démonstration
- Achetez un système déjà configuré
- Quels sont les services offerts, les garanties et quelles sont les conditions d'échange ?
- Quels logiciels sont inclus dans l'offre ?
- Après l'achat : ne manque-t-il rien ?
- Conseil : testez longuement le PC. Les problèmes de dysfonctionnement interviennent en général dans les 2 jours qui suivent l'achat.
- Et pour être fin prêt : n'oubliez pas les disquettes, les manuels, les câbles d'imprimante et de clavier, les prises et le papier pour l'imprimante.

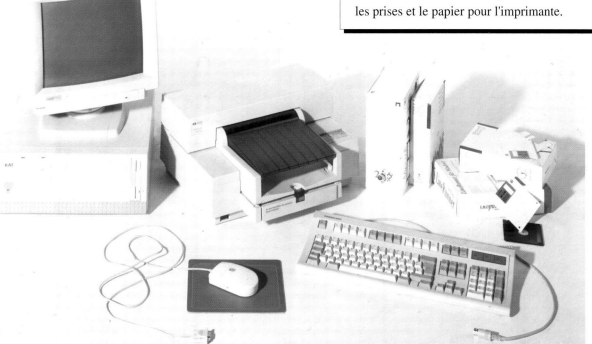

L'ordinateur idéal pour un premier contact

Voici comment devrait être équipé l'ordinateur idéal pour un premier contact quelle que soit la tâche que vous envisagez d'accomplir : rédiger des lettres ou des sujets d'examen, définir une base de données littéraire ou passer du temps à jouer : un Pentium équipé d'au moins 8 Mo de mémoire vive et d'un disque dur de plus de 500 Mo. Un lecteur CD-ROM, une carte son, un moniteur couleur et une imprimante seraient les bienvenus. Certains fabricants distribuent des PC écologiques consommant peu d'énergie. En mode inactif, ces PC nécessitent moins de 30 W et contribuent donc à la protection de l'environnement.

Déballer et installer le nouveau PC

Déballez avec précaution tous les éléments. C'est une tâche qui ne pose pas de difficulté car l'ordinateur et le moniteur sont emballés séparément. Placez les cartons légèrement de côté et vous n'aurez aucun mal à extraire les composants de leur emballage. Ne jetez pas directement à la poubelle l'emballage d'origine car vous risquez d'en avoir besoin par la suite - pour une éventuelle réclamation -. Avant de vous mettre à raccorder et à installer le nouveau PC, vérifiez d'abord qu'il ne manque rien : hormis les périphériques, il vous faut des câbles, des guides d'utilisation, des logiciels, etc. Les câbles sont-ils bien séparés ? Il ne reste plus qu'à enlever toutes les enveloppes de sécurité - celle par exemple du lecteur de disquette.

Tous les câbles mènent au PC

Pratiquement tous les câbles mènent au PC ou plus exactement vers sa face arrière. L'ordinateur est à vrai dire la plaque tournante où se déroulent toutes les activités. Lors de la mise en place, veillez donc à organiser les éléments (moniteur, imprimante ou clavier) autour de l'unité centrale.

L'endroit idéal...

...pour installer le PC

Réfléchissez sérieusement sur l'endroit où vous installerez le PC avant d'effectuer les raccordements. Evitez de placer l'ordinateur à côté d'un champ magnétique - par exemple des enceintes Hi-Fi -. L'ordinateur est sensible également à une trop forte humidité.

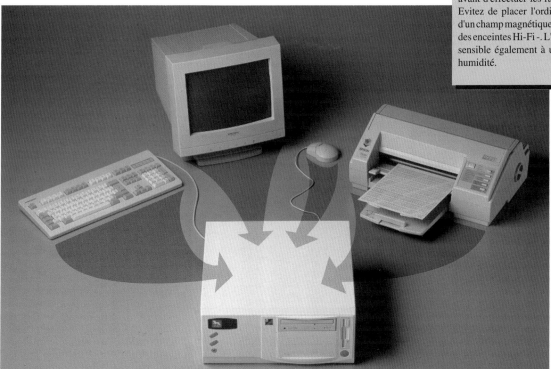

Comment connecter le PC aux périphériques

Même si la profusion des câbles donne du fil à retordre à première vue, il est en fait très facile de raccorder les éléments si on se donne la peine de réfléchir quelques instants. En général, les composants - depuis l'écran jusqu'à l'imprimante - sont tous connectés sur la partie arrière du PC. En revanche, il ne faut pas se tromper pour relier l'ordinateur à la prise secteur. Vous devez brancher le cordon d'alimentation sur le secteur une fois tous les périphériques correctement reliés entre eux. Le cordon d'alimentation se raccorde à l'arrière du PC sur une prise de forme rectangulaire. Si le moniteur dispose de sa propre alimentation, il peut être branché directement sur le secteur avec son propre câble, sinon il peut aussi être connecté sur la prise secteur à l'arrière du PC.

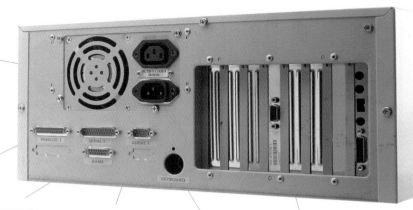

Ventilation pour refroidir le PC

Deux ports intitulés LPT1 et LPT2 sont prévus à l'arrière du PC pour raccorder une ou deux imprimantes. La largeur de la fiche est environ de 5 cm. Ces ports sont également désignés par le terme Ports Centronics.

La connexion de la souris se fait généralement au port intitulé COM1 ou COM2 (COM signifie Communication).

Ne vous trompez pas lors du raccordement au courant. La prise du secteur ne peut être branchée que sur le port qui lui est destiné à l'arrière de l'ordinateur. N'effectuez cette opération que lorsque tous les périphériques ont été reliés.

Pour raccorder le clavier, il suffit de brancher la fiche ronde dans le port qui lui est réservé. Un petit détrompeur vous aidera à insérer la fiche dans le bon sens.

Ce port désigné souvent par le terme Vidéo ou Moniteur sert à relier l'ordinateur à l'écran.

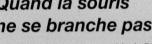

Ports série et parallèle

Situés à l'arrière du PC, des ports intitulés LPT1 et LPT2, COM1 et COM2 sont désignés également par Port parallèle et Port série. Les ports (appelés aussi interfaces) permettent de connecter divers éléments d'un ordinateur. Ils veillent au bon fonctionnement de l'échange de données. Ils relient le PC au monde extérieur. Les ports LPT (ou ports Centronics) s'appellent des ports parallèles car ils transmettent les données en parallèle, par exemple à l'imprimante. Les ports série (COM) échangent les données à la queue-leu-leu d'après le standard RS-232C. COM1 sert généralement à brancher la souris.

Quand la souris ne se branche pas

Il arrive parfois que le port série du PC soit un connecteur à 21 broches alors que celui de la souris n'en comporte que 9. Dans ce cas on peut connecter la souris au port COM à l'aide d'un adaptateur. Cet adaptateur est généralement fourni avec la souris.

Mettez-vous à l'aise : Ergonomie

Depuis que le PC, au bureau ou à domicile, connaît une expansion de plus en plus croissante, la question de la fatigue physique est elle aussi largement soulevée. C'est ainsi que l'expression "maladies informatiques" entre dans le vocabulaire moderne. Il s'agit des maladies dues à un travail continu sur PC. Les personnes utilisant l'ordinateur depuis de longues années sont les premières victimes de ce mal. Une mauvaise position assise, un mauvais éclairage ou un emplacement incorrect des appareils provoquent des irritations et des inflammations oculaires, des maux de tête et des torticolis. Réfléchissez avec soin sur la manière dont vous organiserez votre poste de travail pour éviter de tels risques. La principale devise à retenir est sans aucun doute : mettez-vous à l'aise. Placez les éléments (écran, souris, clavier, imprimante, etc.) de telle sorte qu'ils soient faciles d'accès - sans que vous soyez obligé de vous courber -. La hauteur idéale d'une table de travail est de 65-70 cm permettant de bien placer les poignées sur le clavier et de poser avec stabilité les pieds au sol. Le bras et l'avant-bras doivent former un angle droit. Une chaise avec des accoudoirs serait ici un bon investissement. Le moniteur doit arriver à hauteur des yeux. La distance entre le moniteur et les yeux doit être environ de 50 à 60 cm.

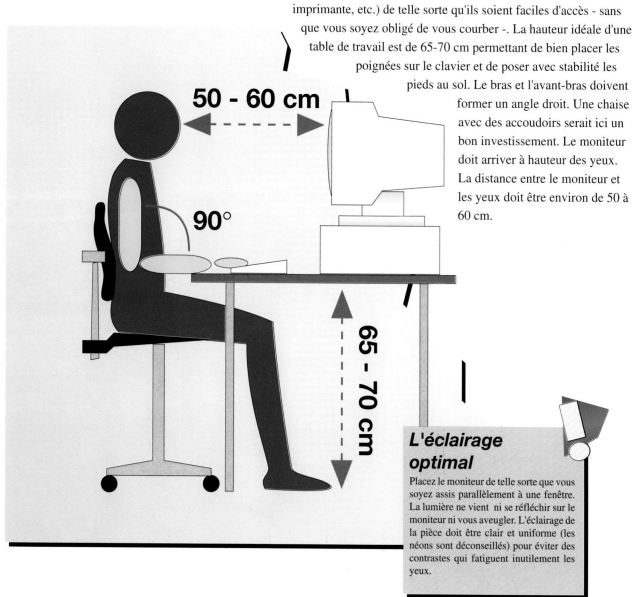

50 - 60 cm

90°

65 - 70 cm

L'éclairage optimal

Placez le moniteur de telle sorte que vous soyez assis parallèlement à une fenêtre. La lumière ne vient ni se réfléchir sur le moniteur ni vous aveugler. L'éclairage de la pièce doit être clair et uniforme (les néons sont déconseillés) pour éviter des contrastes qui fatiguent inutilement les yeux.

Un pas dans la bonne direction : les PC ergonomiques

Les assembleurs de PC innovent de plus en plus dans le domaine de l'ergonomie en proposant des claviers complètement redessinés, des boîtiers stylisés, etc. Le marché des périphériques est notamment celui où abondent les produits conçus pour la forme et la tenue corporelles promettant de soulager l'utilisateur du PC. Lors de votre prochain achat, demandez-vous s'il ne serait pas mieux d'opter pour une souris ou un clavier "new look" car ils ne sont généralement pas excessivement coûteux.

Reposez vos yeux...

...en choisissant la bonne taille des caractères (par exemple dans un logiciel de traitement de texte). Une taille d'affichage de 4 mm pour les majuscules se révèle être la plus conviviale pour les yeux (avec une distance oeil-écran de 50 cm environ). Evitez les contrastes de couleurs trop importants. L'oeil est par exemple fortement sollicité avec une combinaison de rouge et de bleu et réagit très vite par une fatigue et une inflammation. La majorité des programmes utilisateur permettent de paramétrer la police et la couleur en fonction des besoins personnels de l'utilisateur. N'hésitez pas à faire bon usage de cet atout.

Le PC vu de face

Quand on observe le PC de face, on aperçoit toute une série de boutons et de témoins lumineux sans compter les lecteurs. La plupart des PC sont conçus et équipés de la même manière. La face avant de l'ordinateur permet d'accéder généralement aux boutons Turbo et Reset représentés chacun par un témoin. Là se situent également les voyants du disque dur, du lecteur de disquettes, du lecteur CD-ROM et le commutateur réseau (parfois situé à l'arrière du PC). Certains PC sont équipés d'une clé servant à bloquer le système et à interdire son accès à des utilisateurs importuns.

Témoin lumineux du disque

Le témoin lumineux du disque indique l'activité du disque dur c'est-à-dire s'il enregistre ou charge des données. Ne paniquez pas si la lumière est éteinte. Cela signifie qu'aucun transfert de données n'a lieu actuellement sur disque.

Affichage Mégahertz

L'affichage Mégahertz et le témoin lumineux vous indiquent la fréquence que vous avez choisie.

Touche Turbo

La touche Turbo permet de sélectionner entre deux types de fréquence ou mieux, la vitesse d'exécution du processeur ou de l'ordinateur. En général, il est préférable de choisir la vitesse élevée (le mode Turbo) pour pouvoir exploiter pleinement les performances du PC.

Touche Turbo : quand ça marche trop vite...

Même si on répète sans cesse que le PC ne fonctionne pas suffisamment vite, il n'empêche que cela peut parfois devenir un inconvénient surtout dans les jeux d'adresse. Il arrive que l'affichage à l'écran soit tellement rapide qu'on a du mal à réagir disons à agir intelligemment. Dans ce cas, un petit appui sur la touche Turbo ralentit la vitesse de fonctionnement du jeu.

Touche Reset

Cette touche sert à redémarrer le PC alors qu'il encore en activité. Dans des cas exceptionnels, on est obligé de recourir à cette touche lorsque le système ne réagit plus aux actions du clavier ou de la souris. En fait, l'ordinateur a suspendu son travail. Avantage du Reset par rapport au bouton Marche/arrêt : l'ordinateur est redémarré sans qu'une coupure de courant soit intervenue. Le redémarrage s'effectue ainsi plus rapidement.

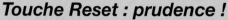

Touche Reset : prudence !

Avant de redémarrer l'ordinateur avec la touche Reset, assurez-vous que le programme ne réagit plus aux entrées du clavier ou de la souris. Parfois, le programme continue de travailler (pour exécuter par exemple des calculs complexes) et c'est pourquoi les entrées ne sont pas immédiatement interprétées. Attendez donc quelques instants avant de redémarrer l'ordinateur car cette action provoque souvent des pertes de données.

Lecteur CD-ROM

Ce lecteur permet de lire des supports de données CD-ROM. Dans certains lecteurs CD-ROM (plus onéreux) les CD sont insérés directement, dans d'autres ils sont introduits à l'aide d'un chariot (appelé aussi caddy).

Lecteur de disquettes

L'insertion d'une disquette s'effectue dans le lecteur de disquettes. Introduisez la disquette dans le sens indiqué par la flèche. Un appui sur le bouton de déverrouillage, situé près du lecteur, fait éjecter la disquette.

Marche / arrêt

Un appui sur le bouton Marche/arrêt alimente le PC en énergie. Autrement dit, l'ordinateur est mis sous tension. Un témoin lumineux situé généralement sur la face avant ou à côté du bouton montre si l'ordinateur est allumé ou éteint.

Quel boîtier pour quel usage ?

"Booksize, Slimline, Desktop, Mini Tower, Big Tower, Designer PC..." . On n'a que l'embarras du choix… Le boîtier adéquat ne se choisit pas uniquement par son aspect esthétique. Cette décision mérite quelques réflexions concrètes sur le domaine d'utilisation du PC. Par exemple, le choix d'un boîtier tour est décidé non seulement en fonction de l'emplacement du PC mais aussi parce qu'il permet d'ajouter de nombreuses cartes d'extension. Les boîtiers d'ordinateur présentent des avantages et possèdent des particularités dont il faut peser le pour et le contre avant l'achat.

Alimentation

En raison du manque de place, les ordinateurs inclus dans des boîtiers Desktop ou Mini Tower disposent d'une alimentation peu importante s'élevant à 150 watt. Cela réduit fortement les possibilités d'extension du système. Si vous décidez tôt ou tard d'ajouter un second disque dur, un modem interne ou tout autre périphérique, vous aurez besoin d'une alimentation suffisamment dimensionnée. Lors de l'achat du PC, sachez qu'une alimentation intégrée doit fournir une capacité au moins égale à 200 watt.

A propos du modèle bureau

Ce modèle est pour ainsi dire le plus classique des boîtiers qui est d'ailleurs largement répandu encore aujourd'hui. Les raisons s'expliquent d'elles-mêmes : la structure compacte de ce boîtier occupe peu de place. Le nom "Desktop" - ou Bureau - en dit long sur le champ d'application de ce type de PC. De par sa forme, il reste sur le bureau. Le moniteur est placé au-dessus du boîtier, d'où l'effet secondaire appréciable : le moniteur se trouve à hauteur des yeux. Un PC Bureau convient à tous ceux qui ont besoin d'un périphérique compact occupant peu de place. Les PC Bureau (en particulier les mini-bureaux) exploitent au maximum la partie interne du boîtier de sorte qu'il est difficile d'ajouter des cartes d'extension.

Compte tenu de ces limitations, utilisez le minimum de cartes d'extension pour piloter le maximum de périphériques. Par exemple, une seule carte suffira pour gérer simultanément le lecteur CD-ROM et la carte son.

Avantages du modèle Mini-tour

Le Mini-tour conjugue les avantages du PC Bureau avec ceux d'un PC Tour ordinaire. Une petite tour de ce genre peut être posée directement sur le bureau sans obliger l'utilisateur à se courber pour insérer une disquette. D'un autre côté, ce modèle permet d'installer des extensions. Le Mini-tour a une taille qui avoisine celle d'un moniteur avec 15-20 cm de large. Le Mini-tour convient à tous ceux qui veulent disposer du PC sur leur bureau tout en envisageant d'inclure des extensions dans le futur. La place idéale du Mini-tour sera à droite ou à gauche du moniteur.

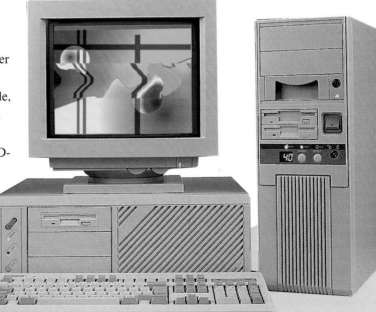

Le modèle Tour : pour tous les utilisateurs

Les PC Tour sont les boîtiers les plus appréciés. Ils peuvent être posés par terre et glissés sous le bureau, ce qui assure un encombrement minimal. Ces PC peuvent recevoir un nombre impressionnant de cartes d'extension. Ils présentent de plus l'avantage d'être évolutifs : si vous désirez acquérir un boîtier de nouvelle génération, il vous suffit d'y transférer les anciens périphériques et cartes d'extension. Ces modèles ne sont aucunement réservés aux utilisateurs avides d'un matériel haut de gamme. Toute personne peut s'équiper d'un PC Tour et le faire évoluer au gré de ses besoins.

Quelques conseils d'installation : prévoir un espace de 10 cm entre le PC et le sol, ceci grâce aux pieds qui sont généralement fournis.

Le top : Le boîtier Maxi-tour

Les PC Maxi-tour se démarquent des autres PC non seulement par leur taille mais aussi par les performances de leur structure interne. Ces modèles haut de gamme abritent généralement des systèmes puissants, comme par exemple des serveurs de réseau. C'est pourquoi ils conviennent à un usage professionnel.

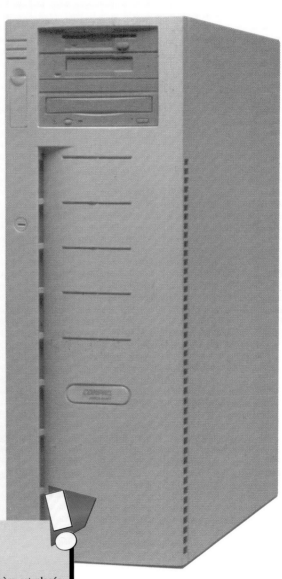

Pour bien régler le PC

Dans un boîtier Tour, la carte mère est placée verticalement et les cartes d'extensions viennent s'enficher horizontalement. Après avoir enlevé le capot, couchez l'ordinateur vers la droite pour y monter les cartes d'extension. Cela permet d'accéder confortablement aux connexions.

Visibilité totale : le moniteur

Le moniteur est l'interface entre la machine et l'homme. C'est le périphérique de sortie permettant à l'utilisateur de contrôler les saisies et les réactions de l'ordinateur. Le principe de fonctionnement du moniteur est similaire à celui d'un téléviseur. Trois rayons électroniques (rouge, vert et bleu) circulent à travers un tube pour être projetés sur le moniteur où se construit l'image en couleur par un amalgame de petits points. Ce processus se répète continuellement, 70 fois par seconde (fréquence de 70 hertz). L'image est actualisée tellement vite que l'oeil humain n'a pas le temps de s'en rendre compte.

Résolution du moniteur

Plus le nombre de points affichés est important et plus ils sont petits et plus l'image est claire et nette. Dans ce contexte, on parle

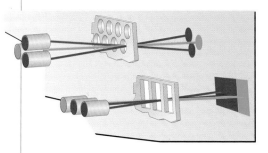

de la résolution du moniteur. Elle correspond au nombre de points par ligne et au nombre de lignes. Avec une résolution de 800 x 600 points (pixels), 600 lignes sont affichées avec 800 points chacune.

La résolution que vous pouvez définir dépend du moniteur et de la carte graphique qui est installée dans le PC.

Basses radiations

Les moniteurs émettent un rayonnement conforme aux normes de basse radiation en vigueur sur le plan international et national. Au moment de l'achat, vérifiez que le moniteur a subi les contrôles de qualité nécessaires. Plus le rayonnement est important, plus grande est l'énergie électrostatique emmagasinée sur l'écran. Cela signifie que la quantité de grains de poussière attirés sur le moniteur sera élevée. L'utilisateur peut encourir des conséquences néfastes (allergie, risques oculaires ou dermiques, etc.)

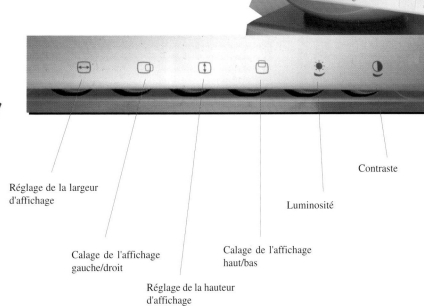

Réglage de la largeur d'affichage

Calage de l'affichage gauche/droit

Réglage de la hauteur d'affichage

Calage de l'affichage haut/bas

Luminosité

Contraste

Quel moniteur faut-il choisir ?

Comme c'est souvent le cas, la taille du moniteur joue un rôle important lors de l'achat : plus il est gros mieux c'est. La décision ne dépend pas seulement du fait qu'un moniteur doit être de 15, 17 ou 20 pouces, son prix varie d'autant. Les gros moniteurs étant relativement onéreux, un moniteur 15 pouces s'avère amplement suffisant pour utiliser un PC chez soi avec un traitement de texte, une base de données ou quelques jeux.

Les moniteurs 15 pouces (38 cm) représentent le standard. C'est un moniteur de cette taille qui est généralement fourni avec le PC. Il convient amplement pour les besoins familiaux.

Celui qui aime bien travailler sur un grand écran et qui n'a pas peur des dépenses peut se procurer un moniteur 17 pouces (43 cm). Ce dernier présente l'avantage d'afficher les données en grande résolution (par exemple 1024 x 768 points).

Le moniteur tremblote ?

Un moniteur qui vacille finit à la longue par fatiguer les yeux. Une petite astuce permet de vérifier si le moniteur tremblote ou non. Ne regardez pas l'écran directement mais dirigez vos yeux en biais. Si l'écran vacille au premier regard, n'hésitez pas à faire vérifier votre moniteur.

Le moniteur 21 pouces (53 cm) peut être considéré comme un moniteur professionnel destiné à la PAO (publication assistée par ordinateur) ou à la CAO (conception assistée par ordinateur). Il convient partout où il est utile d'afficher des compositions et des constructions complexes. La majorité des utilisateurs n'ont certainement aucune bonne raison d'acquérir un écran si cher.

En déplacement avec les Notebooks et les Portables

La mode du PC portable est entrée dans les mœurs. Les ordinateurs mobiles, symboles d'un outil de manipulation facile, sont devenus le culte des années 90. Ce n'est pas parce qu'ils sont bien encastrés dans leurs boîtiers esthétiques trouvant une place dans n'importe quel attaché-case qu'ils sont appréciés de tous. Bien au contraire, sous leur aspect de petite mallette, les Notebooks sont des PC puissants dont les performances n'ont rien à envier à un PC de bureau. Portables, Notebooks, Subnotebooks, Pentops - toutes ces dénominations résultent de la taille de ces PC portables. Les Portables sont les grands frères des Notebooks qui sont aujourd'hui largement concurrencés par leurs homologues encore plus compacts. La taille d'un Notebook équivaut à celle d'une feuille A4 (21 cm x 29,7 cm). Il pèse 3 kg. De taille encore plus petite, les Subnotebooks pèsent 1,5 à 2 kg et leurs composants sont d'autant plus réduits. En diagonale, les moniteurs intégrés mesurent au maximum 25 cm.

Domaines d'utilisation des Notebooks

Les ordinateurs portables conviennent particulièrement bien aux utilisateurs en perpétuel déplacement. Ces derniers se servent du Notebook pour travailler chez les clients, pendant les vacances, bref partout où bon leur semble. Un journaliste rédigera directement sur place son reportage pour le transférer ensuite sur son ordinateur de bureau. Un représentant reportera par exemple immédiatement les commandes du client ou un ingénieur des travaux publics entrera les données métriques dans le chantier. N'étant pas tributaires de l'alimentation par secteur, les Notebooks sont prédestinés à une utilisation mobile - par exemple dans le train ou dans l'avion.

Imprimer en chemin

La créativité en matière de petits ordinateurs performants n'a pas ignoré les imprimantes. Il existe d'innombrables modèles de mini-imprimantes atteignant une qualité d'impression excellente - depuis les imprimantes à jet d'encre jusqu'aux imprimantes thermiques. Pour s'alimenter en énergie, elles nécessitent une batterie ou par exemple l'allume-cigares de la voiture.

Spécificités des PC portables : Moniteur LCD et batterie

Des caractéristiques techniques spécifiques sont nécessaires à l'utilisation des ordinateurs portables.

Le développement des moniteurs à cristaux liquides - LCD - a permis de créer des PC portables. Pour générer un affichage LCD, les fabricants font la différence entre des LCD à matrice passive et des LCD à matrice active. Malgré le coût élevé de la matrice active, elle se démarque par sa qualité d'affichage incomparable. Il faut savoir que grâce à la technique TFT (Thin Film Transistor), chaque point d'affichage est contrôlé par un transistor ce qui donne une image riche en contrastes. Un utilisateur non professionnel peut se contenter d'un affichage LCD passif avec rétro-éclairage. Ce type de moniteur peut afficher 256 couleurs avec une qualité acceptable ou 64 niveaux de gris sur un moniteur noir et blanc. Les ordinateurs portables ne doivent pas non plus être tributaires de l'alimentation par secteur. Deux types de batterie sont en vigueur actuellement. Il s'agit des cellules Nickel Cadmium et Nickel Metallhybrid. Les cellules Nickel Metallhybrid sont d'une manipulation facile et ont une densité énergétique élevée. L'avenir réserve une place prépondérante aux batteries à base d'ions lithium. Les accumulateurs assurent actuellement un fonctionnement continu pendant 6 à 10 heures.

Ne perdez pas les données en voyage

Faites attention à la charge limitée des batteries lorsque vous utilisez un Notebook. Pour éviter d'être soudainement à court d'énergie en plein ciel, pensez à effectuer des sauvegardes à intervalles réguliers - sur disquette de préférence.

Notebook ou poste de travail à domicile

L'ordinateur portable peut très bien remplacer un PC de bureau. Il existe à cet effet ce qu'on appelle des stations d'accueil approvisionnées en alimentation par leurs propres soins et capables d'êtres étendues. La transformation est saisissante pour peu qu'on branche un clavier externe afin de saisir confortablement ses données. Mais il est indispensable de connecter le Notebook à un moniteur de plus grande taille si vous envisagez d'utiliser le portable chez vous pour une longue durée. Vous vous doutez bien que les écrans LCD - en raison de leur résolution 640 x 480, 256 couleurs et de leur taille - ne sont nullement conçus pour une utilisation à longue durée du portable.

Power Management : Economie d'énergie

Rien n'empêche d'économiser de l'énergie même si les batteries modernes permettent une exploitation en continu du portable pendant 6 à 8 heures. Les fonctions d'économie d'énergie développées par le fabricant sont réunies sous le concept de Power Management. Le rétro-éclairage consomme par exemple beaucoup d'énergie lors de l'affichage. La lumière du jour aide à réduire la luminosité de cet éclairage voire même de la désactiver. On peut généralement définir un laps de temps au bout duquel le moniteur se désactive s'il n'y a pas eu d'entrées clavier. Une durée de 2 minutes convient parfaitement. Il existe une touche éco pour les disques durs également. Ici non plus, il ne faut pas choisir un intervalle trop court. L'effet économie d'énergie entre en vigueur 2 minutes après la non-utilisation du disque.

Pentops, Palmtops... De parfaits assistants numériques

Parmi la multitude des Notebooks classiques, on peut faire la distinction entre les Pentops, Palmtops ou encore les Personal Digital Assistants. Ce sont de minuscules ordinateurs transportables dans n'importe quelle serviette. Sur ces ordinateurs à main, l'entrée des données s'effectue généralement à l'aide d'un crayon écrivant directement sur l'écran. On peut entrer des textes mais aussi des images. Equipés de logiciels en tous genres, d'une option de télécopie, etc, ces ordinateurs sont de parfaits assistants numériques à votre service vous aidant à entrer très vite des données.

Souris de Notebooks

Aucun aménagement n'est prévu pour utiliser un portable à l'aide d'une souris en train ou en voiture.
Les Trackballs - ou souris informatiques - apportent leur secours dans une telle circonstance. Elles
peuvent être branchées au portable si elles ne sont pas intégrées d'avance. Il existe également des
Trackpoints qui remplacent parfaitement une souris ou des petites souris qui peuvent être raccordées
par un câble souple au Notebook. Quelle que soit la méthode que vous adoptez, la solution ne peut
que vous satisfaire. N'hésitez pas à tester la souris chez le
revendeur avant de l'acheter.

Le trackball (boule
renversée avec un
bouton) est intégré
directement au
Notebook.

Ici le Trackball est
raccordé sur la partie
externe du clavier.

Le standard : PCMCIA

La miniaturisation effrénée des ordinateurs a établi un standard complètement nouveau appelé PCMCIA, abréviation de Personal Computer
Memory Card International. Défini par les principaux
fabricants de matériel, ce standard spécifie les
dimensions et la fonctionnalité des cartes
d'extension. Hormis les cartes d'extension de
mémoire (comme les cartes Flash pour
enregistrer des logiciels
standard), le standard
PCMCIA intègre les cartes modems et
réseaux ainsi que les disques durs.
Un Notebook apte à assurer de
futurs développements doit
disposer impérativement
d'extensions PCMCIA.

Calluna
TECHNOLOGY
Model: CT80MC
00001456
Assembled in Glenrothes, Scotland
▼ INSERT CARD

Installation minimale
Enlever les fichiers superflus

Aucun ordinateur, excepté le portable, ne
demande une vérification aussi intense et aussi
régulière des données. La capacité de stockage
d'un Notebook étant plus réduite qu'un PC
ordinaire, il s'avère indispensable de supprimer les fichiers superflus. Parfois même,
il ne faut pas hésiter à enlever les logiciels
dont vous ne vous servez plus. Installez
toujours la version minimale d'un texteur ou
d'un programme tableur. Une grande partie des
fonctions du programme ne sont jamais
utilisées pendant un déplacement. Notez en
plus qu'une version minimale consomme
moins d'énergie. Tous les logiciels disposent
d'une fonction permettant de personnaliser
l'installation.

Mise sous tension de l'ordinateur

Le système démarre dès que vous allumez le PC. Vous apercevez à l'écran toutes sortes de messages puis en dernier lieu l'écran d'accueil. Vous pouvez commencer dès à présent votre travail. Ce processus - depuis la mise sous tension jusqu'à l'affichage de l'écran d'accueil - s'appelle l'amorçage. Que se passe-t-il réellement pendant cette action ? Pour que le système d'exploitation de l'ordinateur fonctionne sans encombre, il convient de définir par avance de nombreux paramètres concernant le matériel et le logiciel.

Préparez une disquette d'amorçage

L'ultime danger vous prend de court : votre ordinateur ne veut plus démarrer depuis le disque dur ! Par mesure de sécurité, gardez toujours à portée de main une disquette d'amorçage. Celle-ci contient les fichiers requis par l'ordinateur pour charger le système d'exploitation. Entrez la commande suivante pour préparer une telle disquette : FORMAT A:/S. Cette commande formate la disquette située dans le lecteur A: en y copiant les fichiers système aidant à démarrer le PC en cas de force majeure. Sous Windows 95, vous pouvez à tout moment préparer une disquette d'amorçage. Ouvrez le menu *Démarrer*, utilisez la commande *Paramètres* puis *Panneau de configuration*. Choisissez le module *Ajout/ Suppression de programmes* et activez l'onglet *Démarrage*.

Fonctionnement logiciel accepté

Le démarrage du système d'exploitation commence par le chargement des fichiers système. Ces derniers contiennent des commandes élémentaires nécessaires pour lire les fichiers de configuration.
La base de registre est le principal fichier de configuration.

Test du matériel

L'ordinateur commence par effectuer un test automatique c'est-à-dire qu'il vérifie les composants électroniques (internes) installés : il évalue la capacité de la mémoire vive, vérifie la connexion du clavier, contrôle les lecteurs existants... L'ordinateur a besoin d'une grande quantité d'informations pour mener à bien cette tâche. Par exemple il doit connaître la taille de la mémoire vive réellement disponible, le lecteur à partir duquel doit démarrer le système d'exploitation, le type de la carte graphique installée. Il obtient ces informations à partir de la ROM (Read Only Memory ou mémoire morte), une mémoire où sont stockés les renseignements demandés. Le matériel interne est prêt à fonctionner si les tests se déroulent sans erreur, le côté logiciel, disons le système d'exploitation, peut alors être activé.

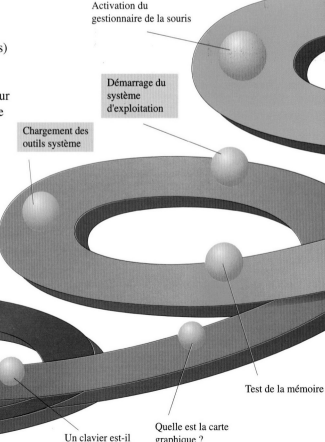

Activation du gestionnaire de la souris

Démarrage du système d'exploitation

Chargement des outils système

Test de la mémoire vive

Test de la mémoire

Quels sont les lecteurs connectés ?

Un clavier est-il raccordé ?

Quelle est la carte graphique ?

Où est mon DOS ?

Personne ne vous oblige à renoncer complètement à votre fidèle ami DOS bien que Windows 95 soit un système d'exploitation à part entière. Par exemple, vous disposez de deux méthodes pour démarrer vos jeux DOS : soit vous activez le fichier voulu directement sous Windows, soit vous quittez Windows et basculez vers le mode DOS pour appeler votre jeu ou un autre programme à partir de la session DOS.

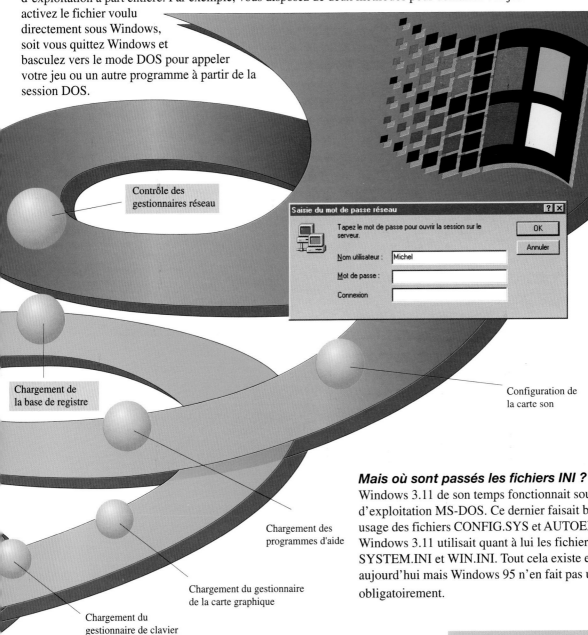

Contrôle des
gestionnaires réseau

Chargement de
la base de registre

Configuration de
la carte son

Chargement des
programmes d'aide

Chargement du gestionnaire
de la carte graphique

Chargement du
gestionnaire de clavier

Mais où sont passés les fichiers INI ?

Windows 3.11 de son temps fonctionnait sous le système d'exploitation MS-DOS. Ce dernier faisait beaucoup usage des fichiers CONFIG.SYS et AUTOEXEC.BAT. Windows 3.11 utilisait quant à lui les fichiers SYSTEM.INI et WIN.INI. Tout cela existe encore aujourd'hui mais Windows 95 n'en fait pas usage obligatoirement.

La base de registre

Windows 95 sait tout sur la configuration du système et sur les applications installées. Tout cela est secrètement archivé dans une gigantesque base de données (un peu comme votre carnet d'adresses) et Windows 95 s'y réfère dès qu'une demande lui en est faite.

Regedit.exe

Sauvez les fichiers de configuration !

Avant d'entreprendre des modifications dans le système, pensez toujours à préparer une disquette de démarrage. Celle-ci vous sera fort utile en cas de fausses manœuvres !

Centre de contrôle du matériel : le BIOS

En observant de près le circuit interne d'un PC, on constate que des centaines d'éléments en tous genres tels les processeurs, les puces mémoire, les lecteurs, etc. exécutent des tâches spécifiques. Il convient de réunir tout cela sous "un même chapeau", c'est-à-dire que l'ordinateur doit être en mesure d'identifier les composants installés et d'organiser l'échange de données entre les intervenants. A cet effet, l'ordinateur est équipé d'un composant spécifique où sont stockées toutes les définitions élémentaires, à savoir le BIOS (Basic Input Output System). Le BIOS est pour ainsi dire un logiciel représentant le centre de contrôle du matériel (interne) existant. C'est à partir de là que le PC détermine la quantité de mémoire vive disponible, l'existence d'un disque dur, la taille de ce disque et les lecteurs de disquettes accessibles.

Un petit programme d'installation BIOS permet de changer la configuration du BIOS. Peu après le démarrage de l'ordinateur, vous pouvez l'activer par simple appui sur une touche (généralement SUPPR ou ECHAP). Les paramètres du BIOS sont en principe correctement configurés dans un PC que vous venez d'acquérir. Il suffit de mettre l'ordinateur sous tension pour que tout fonctionne comme prévu.

Le BIOS

Il est déconseillé de modifier les paramètres du BIOS car de mauvais réglages risquent de provoquer des conséquences néfastes sur le PC. Il y a cependant des cas où vous êtes obligé de changer le paramétrage notamment lorsque vous augmentez la mémoire vive ou vous installez un nouveau disque. L'ordinateur doit être mis au courant des éléments que vous ajoutez. Vous devez donc rendre compte des nouveaux intervenants au BIOS.

Notez les paramètres d'installation !

Dans des circonstances exceptionnelles, se produisant très rarement, il se peut que vous soyez amené à modifier les paramètres d'installation du BIOS, par exemple lors de la configuration d'un second disque. Pensez surtout à noter les définitions d'origine dans ces cas. Il peut arriver que l'ordinateur refuse les nouvelles indications ou ne réagisse pas au prochain démarrage. Vous saurez alors sortir de l'impasse grâce à vos anciennes données.

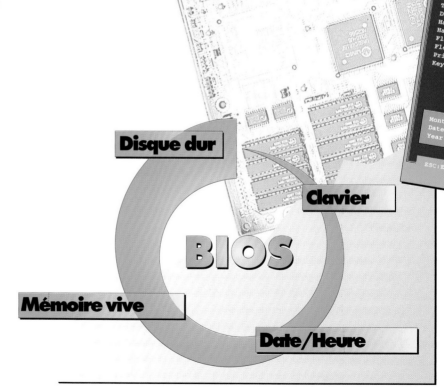

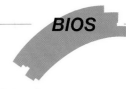

Comment déclarer un nouveau disque dur au BIOS :

1. Mettez l'ordinateur sous tension.

2. Une fois le test de la mémoire vive effectué, appelez le programme d'installation du BIOS en tapant la touche adéquate (SUPPR ou ECHAP).

3. Choisissez la commande qui convient, les paramètres disque figurent généralement dans l'installation par défaut.

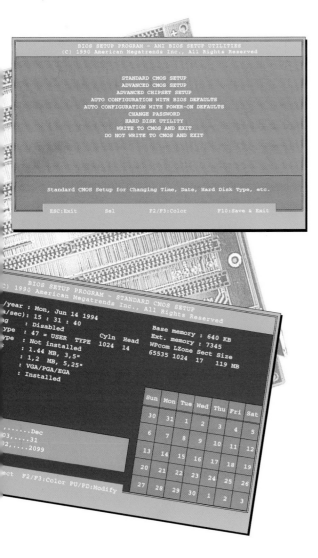

Plug & Play

Pour un novice, c'était un calvaire que d'installer un nouveau composant. Il fallait généralement configurer des commutateurs, les fameux jumpers, sur une carte et recourir impérativement à des gestionnaires adéquats qui devaient être intégrés aux fichiers système. Ce n'est plus le cas sous Windows 95. Grâce à la méthode révolutionnaire du Plug & Play, l'installation d'un nouveau composant, que ce soit une carte son, un modem ou un lecteur de CD-ROM, est entièrement prise en charge par le système d'exploitation. Pour ajouter par exemple une carte son dans votre PC, vous devez l'enficher en un endroit libre dans l'ordinateur, refermer le couvercle et redémarrer le système. Dans le Panneau de configuration (accessible par Démarrer/ Paramètres/Panneau de configuration), cliquez sur l'icône Ajout de périphérique et choisissez la fonction de détection automatique du matériel dans la boîte de dialogue de l'Assistant d'installation de nouveau matériel. Windows 95 identifie automatiquement les actions entreprises et veille à appliquer les configurations et définitions qui s'imposent. Il ne vous reste plus qu'à utiliser le matériel fraîchement installé. Des problèmes peuvent surgir lorsque vous installez un matériel inconnu de Windows 95. Un tel cas se présente lorsque vous installez des produits qui viennent juste d'être commercialisés. Les gestionnaires adéquats sont fournis en principe sur disquette dans de telles

circonstances. Toujours est-il que vous devez effectuer manuellement l'installation mais soyez sans crainte. Windows 95 apporte son aide dans ce cas de figure également. Depuis le Panneau de configuration, ouvrez de nouveau le module Ajout de périphérique, insérez la disquette ou le CD-ROM dans le lecteur approprié. Spécifiez le matériel que vous voulez installer (par exemple modem) et confirmez. Le reste de l'opération s'exécute par le biais de l'Assistant Ajout de nouveau matériel qui s'occupe de tout. Vous ne risquez donc pas de vous tromper.

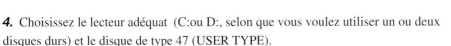

4. Choisissez le lecteur adéquat (C:ou D:, selon que vous voulez utiliser un ou deux disques durs) et le disque de type 47 (USER TYPE).

5. Entrez ensuite les indications demandées (Cyln pour cylindre, Head pour tête, Sect pour secteurs, WPCom, LZone), que vous trouverez généralement sur le disque.

6. Enregistrez les définitions et terminez l'installation (en tapant la touche <Y> pour YES).

Heure d'été -
Heure d'hiver

L'heure change deux fois dans l'année. Vous pouvez effectuer ce réglage au niveau du DOS avec la commande TIME ou utiliser l'option correspondante fournie par le programme d'installation du BIOS. Les définitions du BIOS étant enregistrées une bonne fois pour toutes, elles seront disponibles à chaque démarrage de l'ordinateur.

Voyage à l'intérieur du PC

Un PC se compose de nombreux éléments assurant d'une part la communication avec l'extérieur et d'autre part contrôlant la circulation des données à l'intérieur de l'ordinateur. La plupart de ces éléments résident dans le PC. Ouvrez le boîtier pour découvrir par exemple la carte mère, les lecteurs ainsi que les contrôleurs appropriés, la carte graphique, la carte son, etc. L'ordinateur est conçu de telle sorte qu'on peut enlever facilement les éléments pour les remplacer ou pour en ajouter d'autres. Quelques manipulations bénignes suffisent pour remplacer par exemple une ancienne carte graphique par une nouvelle. Ces composants modulaires présentent un avantage important : il n'est pas nécessaire d'acheter un nouveau PC chaque fois qu'on décide d'installer la technologie dernier cri puisqu'il suffit de changer ou d'ajouter les composants requis. C'est ainsi qu'un périphérique démodé peut se transformer en un PC multimédia pour peu qu'on l'enrichisse d'une carte son, d'un lecteur CD-ROM et d'une carte vidéo. Il est vrai que de telles installations ne sont pas à la portée de tout un chacun mais la structure ouverte du PC est telle que quiconque peut envisager de prendre des mesures en ce sens.

Carte graphique
La carte graphique est l'interface entre le PC et le moniteur. C'est là qu'est raccordé le moniteur et c'est là aussi que sont converties les données à afficher. La carte graphique vient s'enficher dans un connecteur disponible sur la carte mère.

Carte son
Cette carte veille à générer adéquatement le son. C'est là que sont converties les données en son ou en musique. On peut raccorder ici un amplificateur, un micro, un joystick ou un synthé. De nombreuses cartes son disposent d'un port de connexion de lecteur CD-ROM, ce qui permet de jouer des CD audio ou d'effectuer de l'échantillonnage. La carte son s'enfiche dans un connecteur disponible sur la carte mère.

Carte mère
La carte mère, appelée aussi Motherboard, est l'unité de contrôle centrale du PC. Là se situent le processeur, la RAM, les slots d'extension, le port du clavier et d'autres puces gérant la mémoire et contrôlant l'échange de données entre les composants.

Un silencieux S.V.P. !
Certains ventilateurs émettent un bruit assourdissant qui devient à la longue énervant. Si vous êtes le malheureux possesseur d'un tel PC dont vous ne supportez plus le ronflement permanent, il serait souhaitable pour vous d'installer un silencieux. Les fournisseurs de ces silencieux sont nombreux mais adressez-vous tout d'abord à votre revendeur qui se fera sans doute un plaisir d'effectuer l'installation.

Carte contrôleur
La carte contrôleur a la charge de contrôler la circulation des données entre la carte mère et les lecteurs. Là sont raccordés les lecteurs de disquettes et le disque dur. La plupart des contrôleurs disposent d'un port parallèle et d'un port série pour brancher par exemple la souris ou l'imprimante. Le contrôleur s'enfiche lui aussi dans un connecteur de la carte mère.

Cartes d'extension

Une fois la carte graphique, la carte son et la carte contrôleur installées, il reste généralement encore un peu d'espace libre sur la carte mère. Cet endroit peut être occupé par des cartes d'extension telles que :

Carte scanner : permet de raccorder un scanner au PC afin de lire des images et des textes.

Carte réseau : permet de relier plusieurs ordinateurs pour communiquer et échanger des données entre eux.

Carte Modem/Fax : permet d'exploiter le PC à travers la ligne téléphonique pour échanger des données avec des postes distants.

Carte vidéo : permet de manipuler sur le PC des images animées provenant de la télévision ou d'un enregistrement vidéo.

Ventilation
La ventilation sert à refroidir les composants et empêche la surchauffe du processeur sur la carte mère.

Bus PCI

Les nouveaux ordinateurs sont aujourd'hui construits autour du processeur Intel Pentium. Ces machines utilisent une architecture désignée par les trois lettres PCI qui assure la meilleure vitesse d'échange de données entre les différents composants : carte mère, carte contrôleur, disque dur...

Alimentation par secteur
Permet de fournir du courant au PC. L'énergie de la prise est transformé à cet endroit et distribué aux divers composants.

Disque dur
Le disque dur est une mémoire de masse qui, selon sa taille, peut stocker des données de plus de 20 Mo. Le disque dur est relié à l'alimentation et à la carte contrôleur.

Lecteur de disquettes
Sert à lire et enregistrer des données sur disquette. Il est raccordé à l'alimentation et à la carte contrôleur.

Attention aux charges électrostatiques !

Lorsque vous prenez des mesures pour enrichir le PC par exemple en y installant une carte son, vous vous trouvez indiscutablement confronté aux composants électroniques. Parfois, ils réagissent fortement aux charges électrostatiques. L'homme perçoit très vite les charges électrostatiques. L'exemple simple est celui d'une personne marchant sur un tapis avec des chaussures dont la semelle est en caoutchouc. Il faut donc que vous preniez la peine de vous "décharger" aussi souvent que possible lorsque vous utilisez le PC.

Lecteur CD-ROM
Le lecteur CD-ROM sert à lire les données d'un CD. Il est relié à l'alimentation et à la carte contrôleur. Le contrôleur peut se situer sur un connecteur indépendant ou sur une carte son déjà branchée. Le lecteur CD-ROM peut être relié en plus à la carte son via un câble audio de sorte que la musique jouée par un CD puisse être entendue par le biais des haut-parleurs branchés au PC.

Lecteur de disquette : indispensable pour la sécurité des données

Un PC a besoin d'une mémoire de masse pour pouvoir y stocker les données. Rappelons que les lecteurs de disquette sont les plus anciennes mémoires de masse, les premiers PC fournis en 1981 étaient équipés de ces lecteurs. Même si à l'heure actuelle les disques durs sont ceux qui offrent une capacité de stockage suffisante pour enregistrer des données de taille raisonnable (pour sauver par exemple la mise en page d'un petit journal illustré de photos) les lecteurs de disquettes n'en perdent pas pour autant leur importance.

Les disquettes sont à tous égards des supports de mémoire souples et mobiles : vous utiliserez sans doute une disquette que vous enverrez par la Poste à votre meilleur ami pour lui souhaiter un bon anniversaire par surprise. Les logiciels sont fournis très souvent sur disquettes. Mais l'une de leurs plus importantes fonctions résident dans la sauvegarde des données. Il faut sauver régulièrement les données du PC. Une perte de données sans copies de secours est une perte de temps et d'argent pour l'utilisateur, qu'il soit au bureau ou à son domicile.

Capacité d'une disquette

Le format de disquette 3,5 pouces, plus compact, a fini par s'imposer dans le monde PC. Ce type de disquette est entouré d'une enveloppe rigide qui protège mieux de la poussière et des corps étrangers que la disquette classique 5,25 pouces dont l'enveloppe est plus souple. C'est de cette enveloppe que découle du reste le nom qui est attribué aux disquettes, notamment Floppy Disk. Par ailleurs, une disquette 3,5" peut stocker beaucoup d'informations, au maximum 1,44 million de caractères. Ou mieux, une telle disquette peut stocker un texte d'environ 600 pages rédigées sur une machine à écrire. Notez que la capacité d'une disquette classique 5,25" s'élève à environ 500 pages de machine à écrire. A l'intérieur de ces deux formats de disquette, on fait une différence au niveau du matériau magnétique utilisé. C'est ainsi qu'une distinction est faite entre les disquettes double densité (DD) et haute densité (HD). Les disquettes DD peuvent stocker 360 000 (5,25") ou 720 000 (3,5") caractères, alors que les disquettes HD atteignent les 1,2 million (5,25) ou 1,44 million (3,5) de caractères. Les lecteurs de disquettes offrant une capacité de stockage plus élevée - 2,88 millions de caractères - ne sont pas parvenus à s'imposer sur le marché en raison de leur important coût de fabrication. Aujourd'hui apparaissent dans le marché des lecteurs de disquette de très forte capacité, chaque disquette pouvant contenir plus de 100 Mo de données : Ces lecteurs sont souvent appelés lecteurs ZIP. Attention cependant, ce périphérique n'est pas devenu un standard et toutes vos connaissances n'en disposent peut-être pas encore.

Formater avant de poursuivre

La disquette nécessite d'être préparée pour l'enregistrement des données. L'utilisateur doit formater la disquette avant son premier usage. Elle est alors divisée en pistes et en secteurs. Le formatage concerne également les disques durs qui sont en principe préformatés par le fabricant. Lors du formatage, la disquette est décomposée en zones circulaires - les pistes - qui sont à leur tour réparties en petits fragments, les clusters, divisés eux-mêmes en secteurs. Le système d'exploitation fournit une commande spécifique pour cette opération. Lorsque vous tentez d'accéder à une disquette non formatée par l'Explorateur de Windows 95, ce dernier affiche un message d'erreur et vous propose de formater la disquette sur le champ.

Explorateur - A:\
La disquette dans le lecteur A n'est pas formatée.
Voulez-vous la formater maintenant ?
Oui   Non

Clusters (ou group
eux-mêmes compo
de secteurs

36

Sauvegarde régulière = sécurité

Si une règle d'or devait exister dans le domaine du travail sur ordinateur, ce serait celle de la sécurité des données. Quand l'utilisateur aura connu les affres d'une perte de données - à cause d'une erreur de disque - il n'osera plus jamais travailler sans copies de secours. Dans le jargon informatique, la copie de secours porte le nom de Backup. Que vous veniez de concevoir laborieusement une carte d'invitation sur le PC ou que vous ayez rédigé une longue lettre à un ami, n'oubliez pas de sauver sur disquette votre travail. L'idéal serait de sauver sur disquette le contenu intégral du disque dur à intervalles réguliers, par exemple une fois par semaine. Windows 95 fournit un programme de sauvegarde très convivial. Vous le trouverez sous Démarrer/Programmes/Accessoires/ Outils système/Backup.

Streamer ou Graveur ?

Un nouveau type de lecteur dénommé Streamer (ou lecteur à bandes) est entré dans la vie professionnelle - et pas uniquement professionnelle - pour la sauvegarde des données. En raison de sa capacité de stockage et de sa vitesse, il est en mesure d'enregistrer rapidement de grandes quantités de données. Le support de stockage utilisé dans un streamer est comparable à une cassette de magnétophone. Ce type de lecteur étant commercialisé à un prix abordable, il peut également faire ses preuves dans l'usage domestique. Vous apprendrez d'ailleurs très vite à apprécier les atouts d'un streamer dès que vous essaierez de faire une sauvegarde complète de votre disque dur sur disquettes. Un backup intégral sur 70 à 100 disquettes fait perdre du temps mais aussi de la patience. Un streamer adéquatement configuré peut exécuter cette opération en un clin d'œil. Notez que les graveurs de CD-ROM (ce sont des lecteurs permettant d'écrire sur des CD, on dit aussi "brûler des CD") commencent à disposer de prix réellement attractifs et s'imposeront rapidement comme la solution la plus fiable de stockage des données à longue durée.

Backup.exe

Du bon usage des disquettes

1. N'exercez pas une forte pression mécanique sur la disquette. Il ne faut jamais plier une disquette au risque de perdre des données.

2. Les disquettes sont extrêmement sensibles aux fortes températures. Une chaleur caniculaire de 50° - dans la voiture en plein été - peut provoquer des pertes de données.

3. La couche magnétique des disquettes ne résiste pas aux champs électromagnétiques puissants. La perte des données est probable si la disquette se trouve à côté du téléviseur, d'un moniteur, etc.

4. Pour qu'une disquette assure fidèlement son rôle de support de stockage, elle doit être formatée conformément aux instructions du fabricant. Il est vrai qu'une disquette destinée à recevoir au maximum 720 000 caractères peut être formatée avec une capacité de stockage double. Mais la perte de données est inévitable à long terme car la qualité de la couche magnétique finit par s'amoindrir.

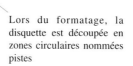

Lors du formatage, la disquette est découpée en zones circulaires nommées pistes

Disque dur : Coffre-fort du PC

Les disques durs servent à stocker les données pour qu'elles soient accessibles à tout moment. Le texte que vous écrivez peut être enregistré sur disque dur et appelé chaque fois que vous en avez besoin. Un disque dur ressemble en fait à un coffre-fort moderne où sont rangées les données (lettres, adresses).

Un disque dur se compose de multiples plateaux superposés, divisés à leur tour en pistes et secteurs. Les pistes superposées les unes sur les autres (pouvant être lues et écrites simultanément) sont désignées par cylindre.

La décomposition du disque dur en pistes et secteurs permet de ranger correctement les données et de les localiser rapidement. Il faut utiliser la commande de formatage pour organiser le disque dur de cette façon.

Une fois formaté, le disque dur peut stocker les données qu'on enregistre. Pour permettre au PC de localiser l'emplacement des données, le système génère une sorte de table des matières dénommée FAT (File Allocation Table) qui mémorise l'occupation du disque. C'est la tête de lecture/écriture du disque qui se charge d'enregistrer et de lire les données.

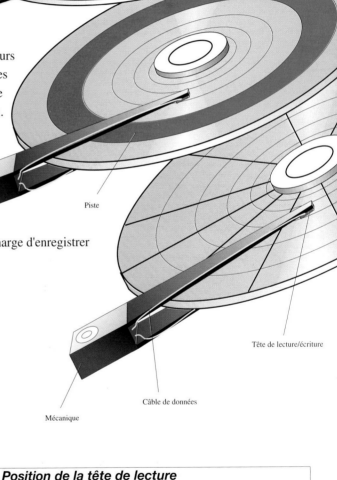

Secteur

Piste

Tête de lecture/écriture

Câble de données

Mécanique

Quand le disque dur devient lent...

...Cela est dû généralement au fait que de nombreuses données sont éparpillées au hasard à travers le disque dur. A chaque chargement, le système est obligé de rassembler péniblement les données. C'est une opération qui ralentit énormément la lecture. La solution est apportée ici par les programmes de défragmentation comme le défragmenteur de disque de Windows 95. Ces programmes font le ménage dans le disque dur pour que les données soient réorganisées.

Position de la tête de lecture

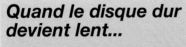

Tête de lecture

Poussière

Cheveu

Disque dur

Types de disques durs

IDE/AT-BUS: A côté du système SCSI, les disques durs IDE/AT-BUS représentent le modèle standard des PC d'aujourd'hui. Ils ont l'avantage d'être moins chers que les disques SCSI. L'inconvénient est qu'on ne peut installer tout au plus que deux disques durs et leur capacité de stockage maximale s'élève à 500 Mo.

Enhanced IDE: Enhanced IDE est le prolongement du standard IDE/AT. Il peut recevoir quatre périphériques (disques durs, lecteurs CD-ROM, bandes). Sa capacité de stockage atteint plusieurs Go.

SCSI: SCSI est un standard atteignant une capacité de stockage de plusieurs Go. Il peut gérer simultanément 7 périphériques en chaîne qui ne sont pas limités aux disques durs. Il peut prendre en compte un lecteur CD-ROM, un scanner ou une imprimante.

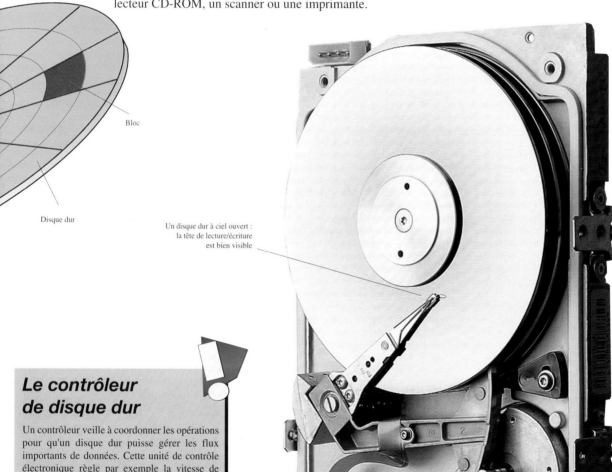

Bloc

Disque dur

Un disque dur à ciel ouvert :
la tête de lecture/écriture
est bien visible

Le contrôleur de disque dur

Un contrôleur veille à coordonner les opérations pour qu'un disque dur puisse gérer les flux importants de données. Cette unité de contrôle électronique règle par exemple la vitesse de rotation et place les têtes à l'endroit adéquat. Sur des disques AT, le contrôleur se trouve directement sur le disque dur, sur les autres systèmes tels que SCSI il est installé séparément.

La centrale de l'ordinateur : la carte mère

Parmi les nombreux composants de l'ordinateur, un élément particulier est chargé de coordonner le traitement des données et les informations : il s'agit de la carte mère (en anglais Motherboard). Sur cette dernière sont installés les principaux éléments contrôlant l'entrée/sortie des données, tels que le processeur, l'horloge système, la mémoire système, les barrettes de mémoire vive (RAM) ou encore les emplacements prévus pour les cartes d'extension appelés plus communément slots. L'échange des données se déroule sur la carte mère. C'est là que transitent les bits et les octets, le traitement des données donnant lieu à des entrées/sorties, des modifications, etc. La carte mère utilise dans ce but un système spécifique chargé de transférer les signaux et sur lequel circulent les données qui y sont acheminées. Ce système performant porte le nom de bus. Il existe un bus de données, un bus d'adresses et un bus de contrôle. Le bus de données correspond tout simplement aux lignes acheminant les données. Le bus d'adresses est responsable de la destination des données, il dessine en quelque sorte le plan routier. Le bus de contrôle affecte les données à des adresses précises et veille à ce qu'il n'y ait pas de collisions lors de l'échange. Les éléments de la carte mère sont mis au courant de tous ces processus et chaque élément s'occupe de bien exécuter son rôle. Le résultat final nous est montré à l'écran lorsque l'ordinateur communique avec nous.

Principaux composants

Le processeur

Le processeur est le cœur de la carte mère et du PC. C'est en fait le processeur qui détermine les performances du PC. Les tâches incombant lors d'un échange de données (calcul, transfert des données en un endroit précis, comparaison des données) sont exécutées à cet endroit - compte tenu des demandes formulées par le logiciel.

L'horloge système

En collaboration étroite avec le processeur, l'horloge système contrôle la vitesse d'exécution du PC. La fréquence est calculée en MHz (1 MHz = 1 million d'oscillations par seconde). Elle indique le nombre de données traitées simultanément.

La mémoire système

Petite mais rapide, la mémoire système (ou mémoire morte) est installée dans la ROM (Read Only Memory). Elle contient les données décrivant le matériel installé (lecteur, clavier, carte graphique) pour assurer le démarrage de l'ordinateur.

Connecteurs d'extension

Ces connecteurs permettent d'ajouter des composants matériels (carte scanner, carte fax/modem, carte réseau…). Certains éléments sont installés par avance ici, notamment une carte graphique, le contrôleur de lecteurs et parfois une carte son ou une carte pour brancher le lecteur CD-ROM. Les connecteurs d'extension sont reliés directement au bus de la carte mère. Il existe aujourd'hui trois types de connecteurs d'extension : ISA, Vesa Local Bus et PCI.

ISA

Le bus ISA ne se rencontre plus que dans les ordinateurs de modèle ancien. Cela s'explique par le fait que ce système ne peut transférer des données que sur 16 bits et 8 MHz ce qui ne répond plus aux besoins des PC 32 bits actuels en matière de vitesse de transmission.
Le bus ISA se décline en deux modèles : 8 bits et 16 bits.

Vesa Local Bus

Vesa Local Bus est un système permettant d'échanger des données sur 32 bits. La vitesse maximale s'élève ici à 40 MHz, ce qui satisfait amplement aux processeurs 486, très répandus à l'heure actuelle. Ce système convient fort peu au processeur Pentium.

PCI

PCI est aussi un bus 32 bits compatible avec la quasi-totalité des processeurs, y compris le Pentium. Hormis la vitesse de transmission, l'atout majeur du bus PCI réside dans le fait que les configurations sont déclarées automatiquement dès que le matériel est installé. Dans les autres systèmes, cette tâche incombe à l'utilisateur.

La mémoire vive

La mémoire vive, désignée généralement par RAM (Random Access Memory = mémoire à accès direct), représente le cerveau du PC. Là sont mémorisées temporairement les données pour pouvoir être chargées et traitées rapidement par le processeur. La mémoire vive est éphémère, c'est-à-dire que les données qui y sont stockées sont effacées dès que l'ordinateur est mis hors tension.

Mon PC est-il rapide ?

Vous aimeriez savoir quel type de processeur est intégré dans votre PC ou à quelle vitesse opère votre ordinateur ? Il existe une multitude de logiciels permettant d'analyser le matériel. Une fois activé, ces programmes vérifient automatiquement le système et affichent les données trouvées (par exemple, processeur 486). Le marché est inondé également de programmes servant à tester les performances du PC pour mesurer avec précision la vitesse CPU, la fréquence ou la vitesse d'accès au disque dur.

Le processeur : le cœur du PC

Le processeur est un composant particulier présent sur chaque carte mère du PC. On le désigne aussi par le terme de CPU, abréviation de Central Processing Unit. Le processeur est le cœur de l'ordinateur. Il coordonne, contrôle et vérifie le bon déroulement des opérations. Tous les éléments du PC sont liés directement ou indirectement au processeur. Cette puce est une sorte de tour de contrôle à l'intérieur du PC. Tout dépend du processeur. C'est lui qui est en grande partie responsable des performances du PC.

Le nom de l'ordinateur est dérivé des différentes désignations attribuées aux processeurs. Lorsque vous achetez un PC, vous avez le choix entre un 386, 486 ou un Pentium. Et c'est justement les noms portés par chaque type de processeur, comme par exemple le processeur i486 d'Intel ou le processeur Intel Pentium.

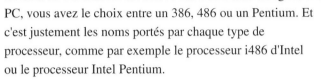

Intel inside® ou autre ?

Aucune loi n'oblige à recourir impérativement à Intel même si la majorité des PC d'aujourd'hui sont équipés des puces produites par la société américaine Intel (INTegrated ELectronics). D'autres fabricants, proposant des processeurs à des prix variés, se sont établis au cours de ces dernières années, citons notamment AMD et Cyrix.

Cache mémoire et fréquence

A partir de la génération des 80486, les processeurs se démarquent avec une mémoire temporaire particulière. La taille de ce cache mémoire détermine les performances du PC. Le fait qu'un Pentium soit plus puissant qu'un 486 ne s'explique pas seulement par les améliorations techniques dont il a bénéficié. Le clou du développement repose plutôt sur la taille importante du cache intégré. Il faut que les opérations se déroulant à l'intérieur du PC soient parfaitement coordonnées pour que tout fonctionne sans encombre. Installée sur la carte mère sous forme d'un quartz, une horloge système veille au bon déroulement des opérations. Elle prédéfinit la vitesse d'exécution de l'ordinateur. L'horloge interne d'un 486 33 MHz est cadencée par exemple à 33 millions de fois par seconde. Des ordinateurs tels qu'un 486 DX4 ou un Pentium font grimper cette valeur jusqu'à 100 millions d'oscillations par seconde.

Le processeur est indispensable

Qui n'a pas l'embarras du choix au moment où il décide d'acquérir un ordinateur : tout est permis, depuis un 486 SX, 486 DX jusqu'au Pentium en passant par un 486 DX2 ou un DX4. Avant d'opter pour un modèle, vous devez avoir une idée précise de vos besoins et de l'argent que vous comptez investir.

486 DX : Un ordinateur équipé de ce processeur est sans conteste un bon choix. Si vous envisagez d'écrire des applications telles des feuilles de calcul pour votre usage personnel et professionnel ou si vous souhaitez concevoir des dessins de type industriel, il vous faut un "véritable" 486. Contrairement à un SX, ce modèle contient un coprocesseur mathématique conçu spécialement pour effectuer des calculs très complexes.

486 DX 2 et DX 4 : Acheter ce PC suppose que vous voulez être en mesure de suivre les améliorations du PC. Ce type d'ordinateur facilite la création de magazines pourvus d'images, de dessins et de textes en multi-colonnes.

Pentium : "Le NEC plus ultra" vaut son prix. Un Pentium rassemble près de 3 millions de transistors sur une surface de 30 centi- mètres carrés. Optez pour un Pentium si vous avez l'intention d'utiliser le PC pour concevoir des animations vidéo, des dessins d'architecture 3D et des simulations dans l'espace. Ce PC convient parfaitement aux applications multimédia.

Carte mère évolutive

Quel que soit le modèle choisi, vous devez vérifier si la carte mère du PC est évolutive. Ce type de carte peut être par la suite équipé d'un processeur plus performant. Vous pouvez par exemple remplacer un 486 par un Pentium plus puissant. Les kits de mise à jour disponibles actuellement sont faciles à monter. Les fabricants Cyrix et AMD fournissent des kits complets dont les prix sont généralement inférieurs au système Overdrive d'Intel. Il est cependant déconseillé de chercher à accélérer le processeur en augmentant la fréquence du système. L'installation d'une horloge plus rapide peut endommager d'autres éléments de la carte mère.

Un Pentium, sinon rien !

Devant la baisse de prix des ordinateurs, achetez aujourd'hui au minimum un Pentium 90 si vous désirez travailler confortablement, permettre à vos enfants de consulter des encyclopédies multimédia, etc.

La mémoire vive : la mémoire fugitive du PC

La mémoire vive fait partie des sujets qui sont toujours abordés lors de l'achat d'un PC. Le PC est équipé de 8 ou 16 Mo de RAM extensible à 256 Mo maximum - c'est ce que vous entendrez chez votre revendeur. A titre de comparaison, 1 Mo équivaut à 400 pages de machine à écrire. La mémoire vive d'un PC peut être caractérisée comme une mémoire éphémère. Le PC doit charger le traitement de texte ainsi que le texte dans la mémoire vive avant que vous ne puissiez par exemple commencer à écrire un texte.

L'abréviation RAM - Random Access Memory - indique que les informations stockées dans cette mémoire sont accessibles directement. Les cellules de mémoire sont disposées selon un ordre précis. Chaque cellule se compose d'un contenu et d'une adresse. L'adresse permet au PC d'accéder au contenu, par exemple la formule de politesse dans une lettre.

Quantité de mémoire vive requise

"Mémoire insuffisante pour charger l'image". Un message de ce genre démontre combien la taille de la mémoire est importante dans un PC. La mémoire vive n'est jamais suffisante, c'est ce qu'on peut énoncer en général. Une mémoire vive de 8 Mo est fournie dans la majorité des nouveaux PC. Cette taille se révèle insuffisante car les logiciels utilisés - traitement de texte par exemple - ainsi que les données en sollicitent davantage. Compte tenu de ces circonstances, nous vous conseillons de disposer d'au moins 16 Mo de RAM.

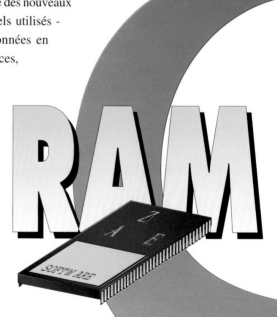

Windows 95 est-il gourmand ?

Windows 95 est un système d'exploitation à part entière et il communique avec vous *via* une interface graphique extrêmement conviviale. Mais ce confort a son prix : le système consomme beaucoup plus de mémoire. C'est pourquoi il est très sage de disposer au moins de 16 Mo de RAM sous Windows 95.

Sauvegarde régulière

La mémoire vive, bien qu'elle soit rapide, comporte un gros inconvénient : elle n'est pas permanente. Les données stockées en mémoire vont à néant aussitôt que l'ordinateur est mis hors tension - volontairement ou accidentellement -. Vous ne pouvez empêcher cette perte que par des sauvegardes régulières. Le texte que vous venez d'écrire doit être recopié sous une forme fixe - par exemple sur le disque dur-, d'où la nécessité d'enregistrer le travail à intervalles réguliers.

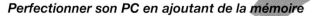
Perfectionner son PC en ajoutant de la mémoire

Une méthode simple et bon marché pour augmenter les performances d'un PC consiste à ajouter de la mémoire. Les cartes mères des 386 et 486 contiennent en général des barrettes de mémoire SIMM (Single Inline Memory) par groupe de 4 (4 barrettes de mémoire forment une banque de mémoire). 4 banques de mémoire permettent de disposer au maximum de 32 Mo de mémoire vive (4 x 4) si chaque barrette fait 4 Mo. Vous pouvez sinon disposer de 8 Mo avec les barrettes habituelles de 1 Mo. Les composants doivent être du même type et avoir le même temps d'accès. Le temps d'accès est inscrit clairement sur la barrette SIMM : composants conseillés sur un PC 486 SX de 70 nanosecondes (07 ou 70) et 60 nanosecondes (06 ou 60) sur un 486 DX. La mémoire sous forme de barrette SIP (Single Inline Package) est peu répandue.

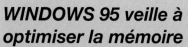

WINDOWS 95 veille à optimiser la mémoire

L'importance de la mémoire vive en exige une utilisation efficace. Pendant que vous travaillez sur le PC, la mémoire ne contient pas seulement le programme de dessin que vous êtes en train d'utiliser mais aussi le système d'exploitation et les fichiers système. Il convient d'organiser de façon optimale les fichiers système pour gagner autant de mémoire vive que possible. Le système d'exploitation, en l'occurrence Windows 95, surveille et optimise en permanence l'occupation de la mémoire. L'outil *Moniteur système* qui se trouve dans *Accessoires/Outils système* est un excellent programme qui peut vous aider à surveiller directement l'encombrement de la mémoire.

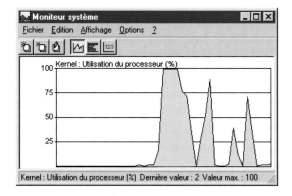

Sysmon.exe

Pour ajouter de la mémoire vive

1. Après avoir mis l'ordinateur hors tension et ouvert le PC, repérez l'emplacement de la carte mère. N'hésitez pas à retirer une autre carte d'extension si toutes les banques de mémoire ne sont pas accessibles.

2. Complètez les banques de mémoire de l'intérieur vers l'extérieur. La barrette SIMM est ainsi fixée en biais de sorte que les contacts du bas reposent sur les socles appropriés. On peut d'ailleurs se tromper difficilement car chaque barrette comporte un détrompeur sur l'un des côtés.

3. Il faut maintenant fixer la barrette.

Bit et octet

Dans les prospectus, dans les magazines, ou dans les clubs, on jongle avec des nombres en parlant du PC : 640 Kilo-octets de mémoire vive extensible à 32 méga-octets. Ou encore : capacité disque de 540 Mo. Que se cache-t-il réellement derrière les expressions comme les bits et les octets ? Ces notions se réfèrent directement au principe fondamental du PC. En fait, tout ce qui se produit dans le PC repose sur ces deux concepts. L'ordinateur ne peut manipuler que des bits et des octets, et ce à une vitesse presque imperceptible.

L'ordinateur se compose notamment de transistors. Un transistor est un commutateur contrôlé électriquement pouvant être activé ou désactivé. Le PC ne comprend en principe que deux états : le courant passe - le courant ne passe pas. Ces deux états sont représentés par deux chiffres : 1 (il y a du courant) et 0 (il n'y a pas de courant). Les experts informatiques désignent ces deux nombres par nombres binaires ou bits. Toutes les données à manipuler sur le PC doivent donc être transformées sous cette forme. La frappe de la lettre A est ainsi convertie en une succession de 0 et de 1.

La plus petite unité d'information : bit et octet

Les chiffres 0 et 1 offrent davantage de possibilités qu'il ne le paraît à première vue. En combinant 2 bits, on peut obtenir 4 possibilités. 8 bits (2 * 2 * 2 * 2 * 2 * 2 * 2 * 2) donnent en tout 256 cas. Ces 8 bits ont une importance considérable pour le PC car ils permettent d'afficher 256 caractères. Les combinaisons de 8 bits sont standardisées en ce qu'on appelle le code ASCII (American Standard Code for Information Code). Une combinaison précise de 0 et de 1 est attribuée à chaque lettre de l'alphabet, à chaque chiffre (0 à 9) et aux caractères spéciaux (accents, symboles mathématiques). Une succession de 8 bits forme un octet et sert à afficher un caractère quelconque. La touche A que vous tapez sur le clavier est transformée sur le plan interne en une combinaison de bits 0100 0001. Lorsque vous additionnez des nombres sur le PC, ces derniers sont convertis en octets dans le PC. Toute cette opération est réalisée sur la base du système binaire que l'on étudie à l'école.

Excès d'octets : performance

Vous n'aurez jamais assez de mémoire. Ne soyez pas avare lorsque vous évaluerez la capacité disque ou la taille de la mémoire au moment de l'achat. La taille minimale de la mémoire vive doit être de 16 Mo, la capacité de stockage du disque dur ne doit pas être inférieure à 500 Mo. N'importe quel expert informatique vous le confirmera : tôt ou tard, votre disque dur sera complètement saturé ou votre ordinateur vous annoncera sans cesse "Mémoire insuffisante pour charger l'image". Les performances n'en seront qu'accrues si la mémoire est élevée.

Kilooctet et Mégaoctet

Désormais, les bits et les octets n'ont plus de secret pour vous. 1 kilooctet (Ko) signifie tout simplement 1024 octets. Dans l'arithmétique informatique, le kilo ne vaut pas 1000 mais 1024. De la même façon, 1 mégaoctet (Mo) donne 1024 Ko. Ou, pour mieux comprendre les nombres abstraits : une mémoire de 1 Mo suffit pour enregistrer un million de caractères. Cette valeur équivaut à son tour à 400 pages de machine à écrire avec 40 lignes de 60 caractères.

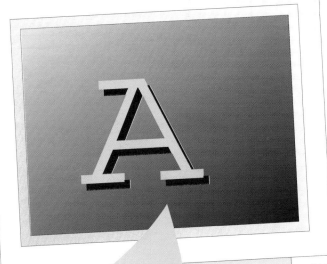

Le PC réclame tant d'octets pour...

Au moment d'équiper le PC, n'oubliez pas que la quantité de données circulant dans le PC peut varier énormément. Un texte de 2 pages correspond à 4,8 Ko avec une moyenne de 2400 caractères par page. Le document affiché est en réalité plus gros car il faut lui ajouter des informations complémentaires, notamment les codes de mise en page (gras, italique, etc.). Les images en couleurs sont gourmandes en mémoire. En plus des valeurs de couleurs, il faut stocker les dimensions de l'image. Une double page du livre que êtes en train de consulter a un appétit d'ogre. Elle atteint très vite 20 à 30 Mo en raison des photos et des dessins qu'elle contient. Ce sont surtout les films vidéo qui affichent des valeurs astronomiques en octets. Une minute de film - avec 25 images par seconde - dotée de son peut dépasser le giga-octet (1Go vaut environ 1000 Mo). Seuls des PC équipés d'un matériel spécifique peuvent manipuler ce genre de données.

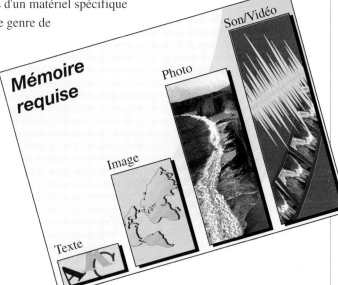

Mémoire requise — Texte, Image, Photo, Son/Vidéo

Windows 95 est un système d'exploitation 32 bits

Windows 95 est un véritable système d'exploitation 32 bits. Dans ce contexte, le nombre de bits correspond au nombre de canaux par lesquels les données circulent à travers l'ordinateur. En clair, cela signifie que Windows 95 utilise une autoroute à quatre voies au lieu d'une autoroute à deux voies si bien que le flux des données devient plus fluide. Mais cela veut dire également que les logiciels tels qu'un traitement de texte, une base de données ou un tableur doivent eux aussi fonctionner sous ce mode pour exploiter pleinement les capacités de Windows 95. Les anciens logiciels Windows 3.1/3.11 ne sont conçus que pour un système 16 bits. Un autre atout majeur procuré par un système 32 bits tel que Windows 95 est une plus grande sécurité contre les pannes du système. Le dysfonctionnement d'une application ne provoque plus le blocage complet de l'ordinateur.

Moniteur et carte graphique

La communication entre l'utilisateur et l'ordinateur serait impossible sans l'existence d'un composant électronique, notamment la carte graphique. La carte graphique renvoie les couleurs et l'image à l'écran et constitue un facteur déterminant pour les

performances du PC. Tout dépend du couple moniteur/carte graphique : une excellente symbiose entre ces deux composants assurera la meilleure interactivité entre la machine et l'utilisateur. N'hésitez pas à passer deux bonnes heures devant l'écran avant de vous décider pour votre achat, si possible sans vous abîmer les yeux ni être victime d'un mal quelconque. Il faut que l'écran puisse reproduire 256 couleurs ou plus, autant que possible sans faire vaciller l'écran. Il faut aussi que le système graphique soit évolutif car vous aurez un jour à installer une nouvelle carte graphique plus puissante.

La carte graphique

4 facteurs déterminent la puissance d'une carte graphique : la résolution, la palette de couleurs, la vitesse et l'ergonomie. Les composants, parmi lesquels deux jouent un rôle prépondérant, démontrent les performances d'une carte graphique. Le processeur graphique est le maître d'oeuvre. C'est un composant qui, de par sa structure interne, est spécialisé dans

• Le processeur graphique représente le cœur de la carte

• Voici l'emplacement de la mémoire de la carte

• Port de connexion du moniteur

• Ce connecteur est essentiel pour la connexion d'une carte d'acquisition vidéo. Le signal vidéo est traité par la carte graphique pour être ensuite envoyé vers l'écran.

l'affichage des informations. Les puces graphiques modernes soulagent le processeur central en convertissant par elles-mêmes les données reçues à afficher. Les puces graphiques disponibles actuellement dérivent des puces ET et S3. Elles sont déclinées en plusieurs variantes destinées aux bus les plus usités : depuis ISA jusqu'à PCI en passant par Local Bus. La taille de la mémoire graphique est très importante pour la qualité d'affichage. L'image à afficher est convertie en une matrice constituée de points. Chaque point dispose d'une place mémoire définie par la carte graphique. La relation suivante se dessine entre la taille de

la mémoire graphique et le nombre de couleurs : une mémoire graphique volumineuse permet d'afficher plus de couleurs. Il s'ensuit que la taille de la mémoire ne doit pas être inférieure à 1 Mo. Il serait encore mieux si la carte graphique pouvait être dotée d'une mémoire additionnelle. A l'heure actuelle, l'utilisateur dispose de deux puces mémoire : les puces DRAM peu coûteuses, et les puces VRAM plus puissantes mais plus chères.

Mémoire requise

Résolution	16 coul.	256 coul.	65 535 coul.	16,7 mil. coul.
640 x 480	150 Ko	300 Ko	600 Ko	900 Ko
800 x 600	188 Ko	375 Ko	750 Ko	1,1 Mo
1024 x 768	240 Ko	480 Ko	960 Ko	1,4 Mo

La résolution

La qualité d'une carte graphique ne dépend pas uniquement du nombre de couleurs affichables mais encore plus de la résolution. La résolution indique le nombre de points affichables simultanément à l'écran. Plus le nombre de points est élevé et plus la qualité de l'image est excellente. Une résolution plus faible génère un effet d'escalier sur l'image. On s'aperçoit à l'œil nu que l'image n'est qu'une juxtaposition de points. Trois modes standard sont utilisés actuellement : 640 x 480 points ; 800 x 600 points ; 1024 x 768 points. On trouve aussi des résolutions de 1280 x 1024 et 1600 x 1200.

Résolution	Taille minimale du moniteur
640 x 480	36 cm
800 x 600	36 cm - 38 cm
1024 x 768	38 cm - 43 cm
1280 x 1024	51 cm et plus

La résolution dépend entre autres de la qualité et de la taille du moniteur. Pour représenter adéquatement une image en 1024 x 768 points, il vous faut un moniteur d'au moins 38 cm en diagonale (environ 15 pouces).

A chaque situation ses couleurs : HighColor, TrueColor...

La qualité de l'affichage dépend de la résolution et du nombre de couleurs affichables. Les couleurs aident sans conteste à rendre l'image plus réelle. Un moniteur noir et blanc suffit amplement à l'utilisateur qui se contente d'écrire des textes et d'additionner des nombres. Mais les couleurs deviennent nécessaires à celui qui veut mettre en valeur ses documents avec des images attrayantes ou qui veut utiliser son PC pour jouer. Le moniteur couleur est aujourd'hui fourni de base sans oublier que la carte graphique reste entièrement responsable de l'affichage des couleurs. Quatre niveaux de couleurs sont établis actuellement : 16 couleurs, 256 couleurs, 65 536 couleurs (= HighColor) et 16,7 millions de couleurs (= TrueColor). C'est le système d'exploitation ou l'environnement utilisateur qui définit le nombre des couleurs. Le réglage 16 couleurs ne convient que pour l'écriture de textes sur PC. Pour dessiner des images, il faut au minimum 256 couleurs. L'option HighColor - ou même TrueColor - convient pour l'usage exclusif de photos ou d'animations vidéo.

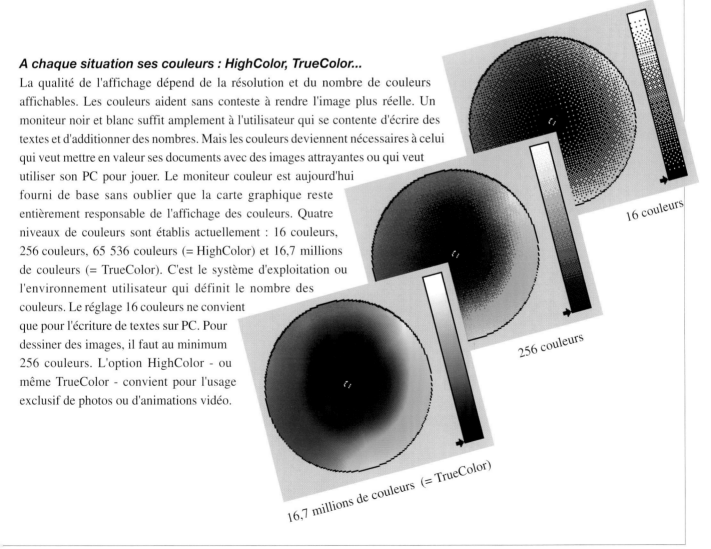

16 couleurs

256 couleurs

16,7 millions de couleurs (= TrueColor)

Fréquence de balayage de l'image

Si vous passez de longues heures devant l'écran, vous êtes certainement sensibilisé aux problèmes de netteté et de stabilité de l'affichage. Et cela découle beaucoup de la cohésion du couple carte graphique/moniteur. La fréquence de balayage de l'image est un critère décisif jouant en faveur de la bonne entente entre la carte graphique et le moniteur. Cette fréquence définit la vitesse à laquelle l'image est rafraîchie (redessinée). Les spécialistes en ergonomie conseillent une fréquence minimale de 72 Hz. Une vitesse inférieure à 72 tend à ralentir la construction de l'image et l'oeil perçoit ce phénomène. L'image vacille et devient imprécise. Une fréquence de 100 ou plus est encore mieux. Mais attention ! La véritable efficacité de la carte graphique n'est mise en valeur que si elle atteint 70 Hz en HighColor et TrueColor. L'écran doit supporter de son côté cette fréquence. Sur des écrans de moins bonne qualité, cette vitesse peut descendre à moins de 50 Hz avec une résolution élevée. Entre ici en jeu la notion d'entrelacement. L'image se dessine dans ce cas en deux étapes - d'abord les lignes paires puis les lignes impaires. Quant à savoir si ces valeurs conviennent pour un travail long et continu face à l'écran, la question reste posée.

La fréquence de balayage représente un point essentiel pour juger de la qualité de l'affichage. A partir de 72 Hz (l'écran est rafraîchi 72 fois par seconde), l'écran affiche des images stables et nettes.

Cartes accélératrices

Lors de l'achat du PC, vérifiez qu'il est équipé d'une carte accélératrice. Ce type de carte veille à accroître considérablement la vitesse d'affichage. N'oubliez pas que la puissance d'un PC se mesure à la rapidité de la carte graphique. Le calcul des images s'effectue plus vite avec une carte accélératrice permettant de basculer rapidement d'une grosse feuille de calcul vers un texte. Cette carte est disponible pour tous les bus, ISA, Local Bus ou PCI. Les accélérateurs 64 bits au format PCI arrivent pour le moment en tête du peloton.

Installation d'une nouvelle carte graphique

Vous avez acheté une carte graphique accélérée dernier cri. Voici comment bien installer cette carte dans votre PC :

1. Après avoir ouvert le boîtier - et débranché le cordon d'alimentation - enlevez l'ancienne carte graphique. Dévissez les vis et retirez la carte verticalement vers le haut.

2. Pour introduire la nouvelle carte dans le slot, appuyez doucement sur la carte mais en exerçant une forte pression. Ne pliez pas la carte. Une fois la carte installée au bon endroit, vissez la plaque à l'arrière.

3. Une fois le boîtier fermé, reliez le moniteur à la nouvelle carte graphique et démarrez le PC.

4. L'installation logicielle se fait à l'aide du logiciel fourni par le fabricant de la carte. Il faut donc que la carte soit adaptée à la fréquence du moniteur.

Carte graphique Plug & Play

Lors de votre achat, vérifiez que la nouvelle carte répond à norme Plug & Play. Avantage : il vous suffit de l'installer et de démarrer Windows 95. Ce dernier reconnaîtra automatiquement la carte et effectuera les déclarations à votre place.

Augmentez la mémoire graphique

Pour augmenter la puissance de la carte, ajoutez de la mémoire vidéo. C'est une opération facile à réaliser.

1. Les emplacements prévus pour les puces sont visibles sur la carte graphique. Il est important d'utiliser les bons composants. Vous trouverez les informations nécessaires dans le guide d'utilisation ou auprès de votre revendeur.

2. Introduisez la carte verticalement vers le bas dans le connecteur qui lui est destiné. Faites attention à la marque indiquant la bonne direction. Passez régulièrement un chiffon sec sur les composants pour éviter de les détériorer à cause des charges électriques.

Le gestionnaire graphique adéquat

Pour déployer pleinement sa force, une carte graphique a besoin de certains fichiers notamment les gestionnaires graphiques (appelés aussi drivers écran). Ils sont fournis par le fabricant de la carte. Sous Windows, les gestionnaires sont intégrés dans le Panneau de configuration. Consultez la documentation pour en comprendre le fonctionnement. Vous pouvez définir par exemple la résolution et le nombre de couleurs que vous voulez utiliser. Faites attention à la taille du moniteur lorsque vous spécifiez la résolution. Une résolution supérieure à 800 x 600 est déconseillée sur un moniteur de 36-38 cm. On peut se procurer des versions plus récentes de ces gestionnaires chez le fabricant de la carte graphique vu que les développeurs apportent sans cesse des améliorations au fonctionnement logiciel de la carte.

Des sons à la carte

Avec le développement des cartes son, le PC peut désormais reproduire des sons de qualité inimitable, une opération qui autrefois était l'apanage de quelques domaines privilégiés. De multiples applications tournées notamment vers le multimédia ou les jeux exploitent les capacités de la carte son. Windows n'est pas en reste de cette technologie quand ce système vous annonce par voie acoustique ses messages au démarrage ou en fin d'exécution. Le standard des cartes son d'aujourd'hui s'appelle Soundblaster. Les programmes qui intègrent le son reconnaissent en général la carte Soundblaster. Une autre variante d'utilisation dérivant de la carte son consiste à générer de la musique sur PC. La carte son est équipée notamment de petites puces sur lesquelles sont stockés des échantillons. Ces derniers peuvent être restitués à l'aide du clavier par l'intermédiaire de logiciels adéquats. La carte son (en collaboration avec le clavier) permet également de composer, d'enregistrer et de jouer de véritables morceaux de musique. Ces opérations sont réalisables grâce à un port MIDI que l'on raccorde à la carte son (MIDI = Musical Instrument Digital Interface).

Fonctionnement d'une carte son

Des différences de qualité existent assurément dans le domaine des cartes son comme pour n'importe quelle carte. Elles concernent en général la création et la restitution du son. Pour reproduire un son, il faut tout d'abord convertir des signaux analogiques (quand vous parlez par exemple dans un micro) en valeurs numériques c'est-à-dire en nombres. La carte son traite les données et les émet ensuite sous forme analogique à travers le haut-parleur branché à l'ordinateur. Ce procédé porte le nom de conversion analogique/numérique ou numérique/analogique. Deux facteurs agissent principalement sur la qualité acoustique des sons une fois restitués : la fréquence d'échantillonnage et le mode d'échantillonnage.

La fréquence d'échantillonnage indique le degré de fidélité avec laquelle la carte son lit une source sonore. Plus cette valeur est élevée et plus excellente sera la qualité sonore. Le mode d'échantillonnage est mesuré en bits (8 bits ou 16 bits). Si cette valeur est grande, l'enregistrement restitué par la carte son sera d'autant plus concordant avec l'original. Les cartes son haut de gamme opèrent avec une fréquence d'échantillonnage de 44,1 kilohertz (en stéréo) - équivalent à un CD audio ordinaire - et un mode d'échantillonnage de 16 bits - les cartes son moyenne gamme fonctionnent en 8 bits -.

Mise en garde avant l'installation d'une carte son

Choisissez le connecteur adéquat au moment où vous installez la carte son. Il faut que la carte son soit suffisamment éloignée des autres cartes notamment la carte graphique ou la carte scanner et aussi de l'alimentation. Vous risquez sinon d'être victime des effets secondaires générés par la carte son, à savoir des craquements du son qui sont fort désagréables à l'oreille.

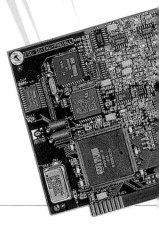

Ce qu'on peut connecter à une carte son

De l'extérieur, on aperçoit les divers ports de connexion prévus sur une carte son ainsi que la molette de réglage du volume. Une carte son est équipée de nombreux ports d'entrée/sortie. Elle peut être branchée à une source audio (lecteur CD ou magnétophone), à un joystick via le port MIDI ou à un clavier via le câble MIDI. Pour écouter le son et la musique, il faut connecter des enceintes ou un casque. Parfois, on peut aussi brancher une chaîne HiFi sur ce port. Mais il faut régler avec précaution le volume de la carte son qui, mal défini, peut très vite émettre des bruits assourdissants. Une autre possibilité de branchement assez intéressante sur la carte son est sans doute celle qui concerne le lecteur CD-ROM. La carte son joue ainsi le rôle de carte contrôleur vis-à-vis du lecteur CD-ROM.

Quelle carte son peut me convenir ?

La réponse à cette question dépend essentiellement de votre budget et de l'usage que vous voulez en faire. Une carte son de qualité moyenne peut parfaitement convenir à l'utilisateur qui souhaite disposer du son pour jouer et pour exécuter les applications Windows les plus courantes. Au moment de l'achat, il faut surtout vérifier que la carte est compatible aux standards en cours notamment Soundblaster et que la carte est compatible Windows 95. Quant à l'utilisateur qui souhaite écrire des applications poussées pour en faire des programmes musicaux ou pour développer des applications multimédia de nature professionnelle, il devra opter pour une carte son pouvant gérer des échantillonnages en 16 bits, 44,1Khz.

Réglage du volume

On définit ici le volume du son restitué. Le volume peut être réglé également à l'aide du logiciel.

Entrée audio

On peut brancher ici un lecteur CD, un magnétophone ou toute autre source audio pour enregistrer ou jouer des sons.

Entrée du micro

On branche ici un micro. On peut ainsi enregistrer une voix sur PC.

Sortie audio

En général, on branche ici les enceintes ou le casque. On peut aussi piloter une chaîne HiFi à partir de ce port.

Port MIDI

Le port MIDI sert avant tout à raccorder un synthétiseur ou un clavier à la carte son. Un joystick peut être branché également sur ce port.

CD-ROM : le périphérique du futur

Le CD-ROM a révolutionné le monde PC au même titre que le CD audio le monde musical. Les Compact Disks (CD) laser représentent le périphérique du futur. Les lecteurs CD font désormais partie intégrante du PC. Ces disques de 12 cm de diamètre véhiculent de la musique, des jeux, des animations, des photos de vacances, des encyclopédies intégrales, des vidéos, des didacticiels interactifs et bien d'autres outils.

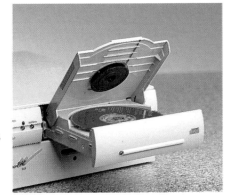

La technologie CD-ROM ne se contente pas d'être une innovation extraordinaire pour le développement d'applications multimédia. Le CD remplace parfaitement la disquette en tant que support de stockage. Qu'il s'agisse d'un texteur ou d'un système d'exploitation, les logiciels sont de plus en plus fournis sur CD. Au lieu d'un jeu de 30 disquettes, un seul CD suffit aujourd'hui à transmettre au client les programmes qui deviennent de plus en plus volumineux.

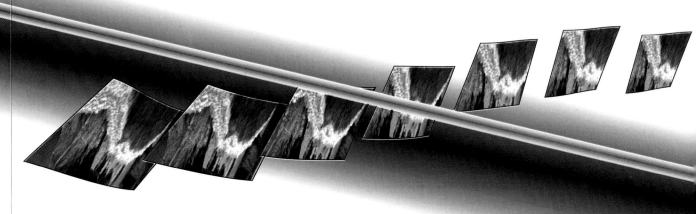

Les avantages du CD-ROM

1. Avec ses 650 Mo, le CD dispose d'une capacité de stockage extrêmement large. Cela correspond au contenu de 460 disquettes ou, plus concrètement, à 27 000 pages dactylographiées ou 100 photos ou 50 à 60 minutes d'un film. Le CD représente le support idéal pour les jeux informatiques gourmands en espace disque.

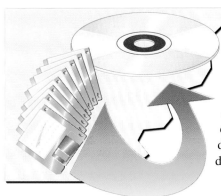

2. Les données du CD sont plus fiables que celles stockées sur les supports magnétiques en particulier les disquettes. C'est la raison pour laquelle le CD est considéré comme l'outil idéal pour stocker des logiciels ou archiver des données puisque le risque de détérioration du support est minime.

Compatibilité de la carte son et du lecteur CD

Un lecteur CD-ROM et une carte son sont intégrés de base dans un PC Multimédia. Il faut que ces deux composants opèrent en harmonie c'est-à-dire qu'ils doivent être compatibles. Lors de l'achat, vérifiez bien cette compatibilité.

Le lecteur CD-ROM adéquat

L'éventail des lecteurs CD-ROM disponibles sur le marché devient de plus en plus vaste et il devient difficile d'effectuer le bon choix lors de l'achat.

1. Le lecteur CD-ROM doit être conforme au standard XA (eXtended Architecture). Cette norme garantit que le CD peut stocker des images, des textes et des pistes audio.

2. Le lecteur CD-ROM doit être compatible Kodak Photo CD. Cette technologie permet de faire développer vos négatifs directement sur CD-ROM pour pouvoir les remanier ensuite sur PC. Il faut que le lecteur CD soit multisession, c'est-à-dire que l'on peut y stocker des photos en plusieurs passes (10 photos aujourd'hui, 20 photos après vos vacances, etc, sur le même CD-ROM). Et cela doit fonctionner à raison de 100 photos par CD.

3. Choisissez un lecteur CD-ROM opérant à une vitesse de transfert et un temps d'accès aussi élevés que possible. A l'heure actuelle, la vitesse des lecteurs a triplé sinon quadruplé. Il s'agit généralement de lecteurs équipés d'une interface SCSI.

Graveur de CD

Un WORM (write once, read many) est un CD inscriptible sur lequel on peut écrire des données une fois. Ensuite ce CD devient un CD-ROM pour toujours. Pour écrire les données, il vous faut un Graveur de CD : c'est un appareil qui se branche sur le PC et qui permet de "brûler" les données sur le WORM. Les prix de ce périphérique sont revus à la baisse et le Graveur est promis à devenir l'outil de sauvegarde des données accessible à tous.

Ecoute de CD audio sur PC

Tenez compte des indications suivantes si vous voulez écouter des CD audio avec un casque et un lecteur CD-ROM. Reliez le lecteur CD à la carte son à l'aide d'un câble audio. Vous pourrez ainsi contrôler, enregistrer et restituer vos CD préférés à travers les enceintes branchées à la carte son. Il existe une autre alternative au cas où le câble audio n'est pas adapté au port de la carte son. Utilisez un câble spécial pour relier la sortie casque du lecteur CD-ROM à l'entrée Line In de la carte son.

CD-ROM : Read Only Memory

La technologie CD s'inspire des CD audio. Un laser teste la surface du CD composée d'une multitude de petits renfoncements (Pits) espacés par de minuscules zones (Lands). Les informations sont stockées dans les Pits et Lands à raison de 4 à 5 milliards de pits par CD rangés sur une spirale s'étalant de l'intérieur vers l'extérieur. Ainsi disposés, les éléments sont groupés avec une forte densité s'élevant à 16 000 pistes par pouce. Une disquette se contente de 96 pistes. Le nom CD-ROM résulte du fait que le CD est en principe un support accessible en lecture seule sur lequel les données ne sont écrites qu'une seule fois. L'utilisateur ne peut pas enregistrer de données sur le CD.

Entrée de données de A à Z : le clavier

Le clavier conserve son titre de périphérique de communication avec le PC malgré l'apparition d'autres périphériques d'entrée et l'utilisation massive de la souris depuis l'expansion croissante de l'interface graphique de Windows. Aucun PC au monde ne peut fonctionner sans clavier, surtout si on utilise un traitement de texte pour entrer les données. Le clavier du PC est en quelque sorte une combinaison entre le clavier d'une machine à écrire et celui d'une calculette. Le clavier du PC comporte en outre des touches spéciales et des touches de fonction. Il a été standardisé c'est-à-dire que sa structure reste plus ou moins identique, à l'exception du clavier Notebook. Il s'agit dans ce dernier cas de réunir de nombreuses touches sur un espace réduit. L'emplacement des touches de fonction et des touches spéciales varie d'un fabricant à l'autre.

Ces touches sont associées à des fonctions. L'affectation est définie par le programme concerné.

Il existe des différences de qualité malgré la similitude plus ou moins apparente entre les claviers. Faites attention à la finition du clavier au moment de l'achat car un clavier est sollicité de façon très intensive. La différence majeure entre les claviers repose sur la force de frappe qui peut être plus ou moins souple. Testez plusieurs claviers différents avant de vous décider.

Dans la plupart des programmes, la touche <Echap> annule l'action en cours ou ferme l'application.

Le bloc alphanumérique correspond aux touches du clavier de machine à écrire.

C'est la touche Contrôle. Utilisée avec d'autres touches, elle envoie des codes de contrôle spécifiques au PC.

Combinées avec d'autres touches, <Alt> et <AltGr> appellent d'autres fonctions pour choisir par exemple directement des commandes sous Windows via <Alt>. Les fonctions qui leur sont affectées varient d'un programme à l'autre.

Autres pays, autres caractères

Le PC et notamment le système d'exploitation comprennent plusieurs langues étrangères, ils sont pour ainsi dire multilingues. Il convient au préalable de notifier au PC le langage qu'il doit utiliser. Cette action influe directement sur l'affectation des touches du clavier. C'est ainsi que sur un clavier américain le Z se trouve à la place du Y français. Sous DOS, vous devez appeler la commande KEYB suivie de l'abréviation du pays (fr pour la France) pour spécifier la langue nationale et l'affectation du clavier. Sous Windows, il convient de changer les paramètres système. Cette même technique aide à générer des accents étrangers dans d'autres langues en choisissant le paramétrage adéquat.

Cas de force majeure : <Ctrl> + <Alt> + <Suppr>

Vous disposez d'une porte de sortie lorsqu'une application bloque le fonctionnement de Windows 95. Vous n'êtes pas obligé de redémarrer entièrement l'ordinateur surtout si d'autres applications sont en cours d'exécution. Appuyez sur la combinaison des touches <Ctrl> + <Alt> + <Suppr>. Windows affiche tous les processus en cours, cliquez sur le nom du programme trouble-fête et arrêtez-le en cliquant sur *Fin de tâche*.

La touche <Impr écran> invite l'ordinateur à imprimer la page affichée sur l'écran. Rarement utilisée, la touche <Arrêt Défil> servait à l'origine à déplacer verticalement la page écran. Sous DOS, la touche <Pause> permet de suspendre l'exécution d'une application (d'un fichier batch par exemple).

Ces témoins lumineux indiquent si le bloc numérique, la touche majuscule ou la touche de défilement est active.

Le bloc numérique correspond aux touches d'une calculette.

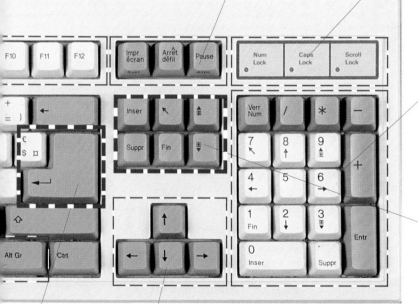

<Inser> active le mode Insertion, les caractères que vous tapez ne seront pas effacés. <Suppr> provoque la suppression des caractères.
Les touches <Origine> et <Fin> permettent d'atteindre immédiatement le début ou la fin de la ligne.
<PgPréc> et <PgSuiv> permettent d'avancer ou de reculer d'une page écran.

La touche <Entrée> confirme une action ou génère un saut de ligne dans un texteur.

Les touches de direction servent à se déplacer dans une application (vers le haut, le bas, la gauche ou la droite).

Claviers d'aspect différent

De nombreux fabricants s'efforcent aujourd'hui de concevoir des claviers ergonomiques. Bien que plus onéreux, ces claviers soulagent à la longue les poignées. Il existe aussi des claviers recouverts d'un matériau fin protégeant la partie interne contre la chaleur (quand vous renversez par exemple une tasse de café). D'autres claviers en revanche sont pliables donc faciles à transporter.

La souris

La prépondérance de la souris en tant que périphérique d'entrée n'est plus à nier. La similitude du nom qui évoque l'animal ne s'explique pas seulement par l'aspect extérieur. La souris permet d'exploiter le PC beaucoup plus vite, plus rapidement et plus confortablement. Sur l'écran, la souris est représentée par un pointeur graphique qui se déplace à travers l'écran selon que vous bougez la souris sur le tapis (mouspad).

Le pointeur prolonge le clavier de plusieurs façons. Vous pouvez placer rapidement le pointeur sur le passage de texte à corriger. Pour dessiner, la souris se révèle un instrument très souple qui reproduit fidèlement sur le moniteur les déplacements de la main sur le bureau. Et pour imprimer un texte ? Généralement, un simple clic sur l'icône correspondante suffit pour exécuter l'impression.

Fonctionnement d'une souris

Le déplacement de la souris est commandé par une boule placée dans la partie inférieure de la souris. La boule est entraînée par deux ou plusieurs rouleaux. Le déplacement de ces rouleaux est converti en impulsions électroniques. Sur une souris mécanique, ce processus est généré par l'ouverture et la fermeture d'un contact électrique. Sur des souris opto-électroniques, l'opération se réalise par un rayon lumineux. Les souris non mécaniques sont d'une grande précision mais elles sont chères.

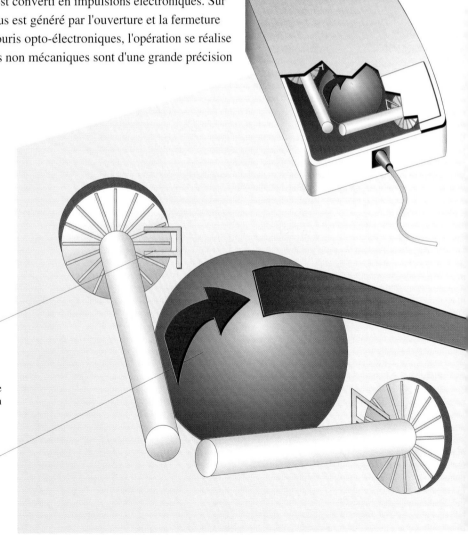

Permuter les boutons

Comment un gaucher doit-il se débrouiller pour manipuler une souris destinée aux droitiers ? Sous Windows, on peut permuter les boutons de la souris dans le Panneau de configuration.

La boule est entraînée par des rouleaux. Le mouvement des rouleaux est converti en signaux électroniques.

Le déplacement de la souris s'effectue grâce à une boule située sous la souris.

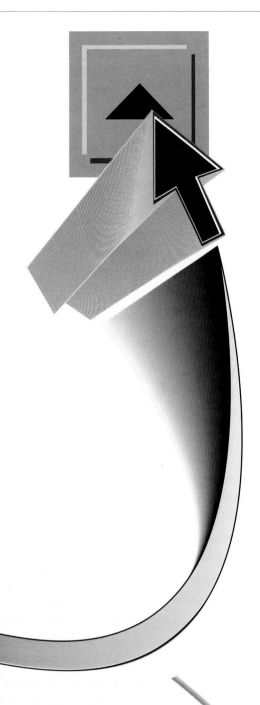

Nettoyez régulièrement la souris

Le fonctionnement des souris mécaniques est tel qu'elles finissent par s'encrasser à l'intérieur. Il convient par conséquent de les nettoyer régulièrement. Retournez la souris et ouvrez le clapet pour sortir la boule. Nettoyez les rouleaux avec un chiffon propre.

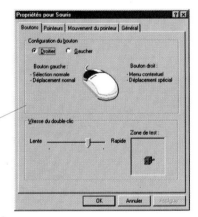

Le module souris
de Windows

Testez la souris !

La fantaisie des fabricants de souris n'a pas de limite. Toutes les formes sont imaginables depuis les souris sans fil jusqu'aux trackballs. Il existe des souris mécaniques et optiques, ces dernières nécessitant un équipement particulier. L'utilisateur à domicile peut se contenter fort bien d'une souris mécanique sans aspirer à une souris haut de gamme - conçue pour réaliser des constructions au millimètre près -. Le seul critère qui joue lors d'un achat est de savoir si l'utilisateur peut s'en servir confortablement. La souris tient-elle correctement dans la main ? Les boutons sont-ils faciles à manier ? N'hésitez donc pas à tester la souris avant l'achat.

Le joystick

Le joystick est l'imitation du gouvernail d'un avion. Le joystick est l'outil indispensable des fanatiques de jeux informatiques sur PC. Comparable à une souris du point de vue du fonctionnement, un joystick comporte un axe mobile sur deux segments dotés de chaque côté d'un bouton de feu. Il existe maintenant des joysticks équipés de fonctions 3D. Un port spécial (appelé gameport) est requis pour l'utilisation d'un joystick. Il peut être ajouté au PC s'il n'est pas intégré d'avance. Vous pouvez raccorder simultanément deux joysticks sur le même port. Dans tous les cas, évitez d'utiliser deux gameports sur le PC au risque d'abîmer le matériel.

L'appui sur un bouton de la souris - clic - déclenche des actions du programme comme par exemple l'impression du texte.

A la découverte du scanner

Comme il serait agréable d'inclure une photo personnalisée dans un carton d'invitation ou d'utiliser une figure comique issue d'un journal pour illustrer l'en-tête d'une lettre ! Le scanner aide à exhaucer de tels souhaits car le scanner représente pour ainsi dire les yeux de l'ordinateur. Il permet de lire des modèles et les convertir en un format compréhensible par l'ordinateur. Il existe plusieurs types de scanners capables de traiter différemment les couleurs. Certains scanners ne gèrent que le blanc et le noir, d'autres peuvent reproduire des photos en couleurs. Le scanner à main est le modèle le plus répandu. Le périphérique est déplacé manuellement sur le modèle qui est lu ligne par ligne. Il en va tout autrement du scanner à plat. Ici le scanner agit comme un photocopieur.

Ce type de scanner convient en particulier à l'usage professionnel. Il produit des résultats d'excellente qualité.

Fonctionnement d'un scanner

La lecture d'un modèle se fait ligne par ligne à l'aide d'une lumière. Un miroir réfléchit la lumière qui est renvoyée vers l'unité de traitement. Celle-ci convertit point par point les signaux sous une forme compréhensible par l'ordinateur. Comment les couleurs sont-elles reconnues par le scanner ? Chaque couleur réfléchit différemment la lumière. C'est ainsi que des points blancs renvoient par exemple davantage de lumière que des points noirs. Il en va de même des autres couleurs. Le scanner se base donc sur l'intensité/la luminosité de la réflexion pour identifier la couleur qu'il traite.

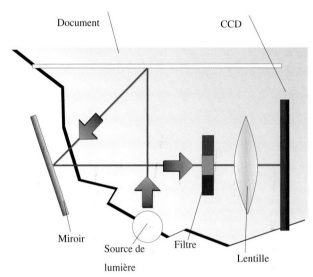

Document   CCD

Miroir   Source de   Filtre   Lentille

lumière

Mémoire requise par les images scannées

Le tableau suivant vous donne une idée de la mémoire occupée par des images scannées. A titre d'exemple, nous avons pris trois modèles de tailles différentes et quatre résolutions en TrueColor et en 256 couleurs ou niveaux de gris.

Taille : 5 x 10 cm

	100 dpi	200 dpi	300dpi	400dpi
256 coul./256 niv.gris	100 Ko	320 Ko	750 Ko	1,3 Mo
TrueColor	230 Ko	900 Ko	2,2 Mo	3,7 Mo

Taille : 9 x 13 cm (format photo standard)

	100 dpi	200 dpi	300dpi	400dpi
256 coul./256 niv.gris	180 Ko	700 Ko	1,6 Mo	2,8 Mo
TrueColor	500 Ko	2 Mo	5 Mo	8,7 Mo

Taille : 10 x 15 cm

	100 dpi	200 dpi	300dpi	400dpi
256 coul./256 niv.gris	250 Ko	900 Ko	2,2 Mo	3,6 Mo
TrueColor	700 Ko	2,7 Mo	6,3 Mo	10,7 Mo

Scanner à main typique

Utilisation du scanner

Le champ d'application du scanner se limite essentiellement à deux domaines : la capture des images et la reconnaissance des caractères. Pour le traitement de l'image, il existe déjà d'innombrables programmes performants permettant de créer des effets des plus géniaux. On peut scanner, éditer des dessins, réaliser des montages photo - créer quasiment un petit labo photo sur le PC. L'autre domaine est la reconnaissance optique des caractères (OCR ou Optical Character Recognition) qui consiste à lire et enregistrer des textes entiers ce qui évite de les taper à la main. Les caractères sont ici comparés à ceux qui sont stockés dans le programme. Le texte est reconstitué caractère par caractère si la comparaison est réussie.

Comment exploiter le scanner à main

Scanner des images telles que des photos pose souvent des problèmes car elles ont tendance à glisser et il faut recommencer l'opération depuis le début. Une petite astuce aide à contourner ce désagrément : prenez une glace (d'un cadre photo par exemple) et posez-la sur le modèle. L'image ou le modèle ne bouge plus et le scanner peut procéder sans encombre. Il existe aussi des appareils prêts à l'emploi, plus chers évidemment, disponibles dans les boutiques informatiques.

Scanner à plat
avec mécanisme
spécifique

Problème de la résolution

On entend sans cesse la notion de dpi lorsque l'on parle des scanners et des programmes de traitement de l'image. Il s'agit de la résolution avec laquelle l'image est scannée ou manipulée. Dpi est l'abréviation de dots per inch ou points par pouce - soit le nombre de points par pouce générés sur une longueur de 2,54 cm. La finesse des points sera élevée si la valeur dpi est grande (la taille d'un point atteint 2,54 cm/100 = 0,254 mm avec une résolution de 100 dpi). Est-il toujours conseillé de choisir la plus forte résolution ? Il faut prendre deux éléments en considération. D'une part, une grande résolution consomme beaucoup de place si l'image est stockée par la suite sur disque. D'autre part, la puissance de l'imprimante joue un rôle important lors de l'impression de l'image. De grandes quantités de données (telle une image en True Color) nécessitent d'autant plus de mémoire sur l'imprimante car ces données doivent être traitées et converties. Il faut savoir par ailleurs que l'imprimante dispose d'une résolution interne. Si elle s'élève par exemple à 300 dpi, l'impression ne se fera que dans cette résolution. Optez pour une résolution plus élevée si vous devez agrandir fortement un petit modèle. Le grossissement portera alors sur les divers points.

Imprimante matricielle ou laser

Un utilisateur PC ne peut plus se passer d'imprimante aujourd'hui. Pour exploiter pleinement l'ordinateur, on est amené à imprimer son courrier quotidien ou ses images et tableaux personnalisés. Il existe toutes sortes d'imprimantes convenant à des situations bien précises. Une imprimante matricielle répond parfaitement aux besoins d'un utilisateur qui réalise des factures sur PC tandis qu'une imprimante laser rend de bons services dans le domaine graphique. Le choix de l'imprimante repose sur l'usage qu'on souhaite en faire et sur la somme d'argent qu'on est prêt à investir.

Imprimante matricielle

Le principe de fonctionnement d'une imprimante matricielle est similaire à celui d'une bonne vieille machine à écrire. La principale différence vient du fait qu'une machine à écrire opère avec des types (lettres, nombres et autres caractères) alors qu'une imprimante matricielle utilise des aiguilles. La tête d'impression se déplace de part et d'autre et les aiguilles viennent frapper le ruban en couleur. Ce mécanisme génère de petits points qui produisent ligne par ligne des lettres, des caractères ou des images entières. Plus le nombre d'aiguilles est important et plus excellente devient la qualité d'impression. L'une des raisons pour lesquelles les utilisateurs préfèrent une imprimante laser ou à jet d'encre s'explique par le vacarme produit par le processus d'impression des imprimantes matricielles.

Imprimante thermique
Epreuve en quatre couleurs

Hormis l'impression à aiguille, laser ou à jet d'encre, il existe un autre procédé quelque peu coûteux mais produisant des épreuves en quatre couleurs de qualité remarquable : c'est l'impression thermique. Comme l'indique son nom, l'impression thermique fonctionne par réchauffement. Un ruban en couleur vient s'imprimer sur le papier par suite d'un fort réchauffement. Le ruban en couleur recouvert d'une couche spéciale vient s'accrocher sur l'endroit à imprimer sur le papier. Il est vrai que ce procédé donne des résultats excellents notamment lors d'une impression en couleur, mais il faut être suffisamment patient pour attendre la fin de l'opération qui dure plus longtemps que sur d'autres imprimantes.

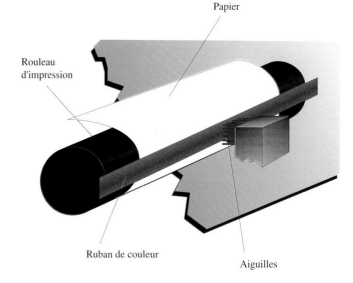

Papier

Rouleau d'impression

Ruban de couleur

Aiguilles

Imprimante laser

L'impression laser est une opération complexe similaire à celle d'un photocopieur. Contrairement aux autres types d'imprimante, l'imprimante laser ne possède pas de tête d'impression. Ici, c'est un rayon laser qui opère point par point et ligne par ligne sur un tambour rotatif par le biais d'un système de réflexion intelligent. Le tambour est déchargé exactement à l'endroit où frappe le rayon laser et fixe ainsi les particules d'encre depuis le réservoir à toner. Une feuille entraînée simultanément vers le tambour attire les particules de toner. C'est ainsi que naît la feuille imprimée.

Recyclage des rubans de couleur et des cartouches de toner

A un moment ou à un autre, l'imprimante cesse tout simplement d'imprimer proprement : le ruban de couleur ou la cartouche de toner nécessite d'être changé(e). Vous n'êtes pas obligé dans ce cas d'acheter le kit complet et de jeter l'ancien à la poubelle. Beaucoup de revendeurs acceptent de remplir l'ancien ruban ou l'ancienne cartouche. Vous économisez ainsi de l'argent et protégez l'environnement.

Imprimante GDI

Développées spécialement pour opérer sous Windows, les imprimantes GDI font gagner du temps et de l'argent lors de la préparation des données à imprimer. Sous Windows, une imprimante fonctionne en général de façon complexe. Vous rédigez par exemple une lettre avec un texteur que vous voulez imprimer. Vous devez convertir ce document en données bitmap qui indiquent l'endroit où doivent apparaître les points sur la surface à imprimer et dans quelle couleur. Ces données sont transférées vers l'imprimante via un câble où elles sont recalculées avant que l'impression ne puisse avoir lieu. Et pour reproduire en fin de compte des documents complexes sur papier (un texte pourvu de nombreuses images), il faut une imprimante très performante - pourvue d'une mémoire vive importante et parfois d'un processeur - ainsi qu'un important temps de traitement avant que les données ne soient calculées. Quant aux imprimantes GDI, elles sont en mesure de traiter ou d'imprimer les données en même temps qu'elles arrivent depuis Windows (au format GDI d'où le nom d'imprimante GDI). Le calcul complexe des données devient superflu, l'imprimante n'a pas besoin de processeur et requiert moins d'espace en mémoire.

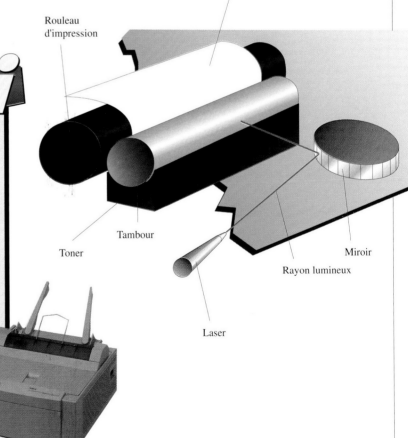

Papier

Rouleau d'impression

Tambour

Toner

Miroir

Rayon lumineux

Laser

Imprimante à jet d'encre
Une haute qualité d'impression

Les raisons de l'engouement du public pour les imprimantes à jet d'encre sont triviales. Leur prix d'achat est modéré et leur qualité d'impression est excellente. Leur manipulation reste simple et les temps d'impression sont très corrects. Elles sont idéales pour les travaux à domicile pour imprimer des documents courts tels que du courrier, des mémoires, des images, etc. Leur mode de fonctionnement permet de les classer parmi les imprimantes à non impact. L'encre est projetée sur le papier sans que la tête d'impression n'entre en contact directement avec le papier. La qualité d'impression des jets d'encre est bien meilleure à celle des imprimantes matricielles car la densité d'impression est supérieure (600 dpi). Cette même technologie est d'ailleurs utilisée dans les imprimantes à jet d'encre couleurs, ce qui ouvre de nouvelles perspectives à l'impression à domicile. Le mélange obtenu à partir des couleurs fondamentales rouge, vert, bleu et de la couleur complémentaire noire fournit une excellente qualité d'impression.

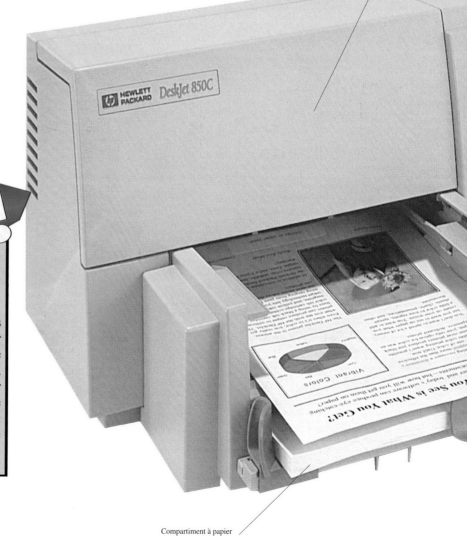

Compartiment de la cartouche

Faites des économies

Faites recharger les cartouches d'encre

Si vous faites remplir les cartouches d'encre, vous pourrez baisser sensiblement le prix de revient de vos pages couleurs. Mais attention, ce procédé n'est conseillé que sur les imprimantes dont la tête d'impression est intégrée aux cartouches, par exemple la série 500 de Hewlett Packard.

Compartiment à papier

Imprimante à jet d'encre pour toutes les situations

Il existe des imprimantes à jet d'encre pour tous les cas de figure. Elles diffèrent par leurs prix variés en fonction de leur champ d'application. En dehors des imprimantes de bureau standard avec des bacs d'alimentation en feuille à feuille, il existe des modèles compacts pouvant être facilement transportés. Si la couleur est vitale pour vos documents, n'hésitez par à recourir à une imprimante à jet d'encre couleurs dont les prix restent très abordables.

Papier

Tambour

Gouttelette d'encre

Buse d'encre

Réservoir d'encre

Comment l'encre aboutit sur le papier

Le nom de l'imprimante à jet d'encre donne déjà une idée de son fonctionnement. A l'image d'une imprimante matricielle, chaque lettre et chaque image sont composées à partir d'une matrice de points. Pendant l'introduction du papier, une cartouche d'encre placée sur la tête d'impression effectue un mouvement de va et vient. Par passage de courant, une couche d'encre est chauffée très rapidement, l'encre bout et crée une bulle de vapeur. En se détendant, la bulle envoie une gouttelette sur le papier. L'encre est projetée gouttelette par gouttelette sur le papier à travers des buses (entre 48 et 128).

Contact de l'encre sur le papier

Le papier doit être bien lisse et ne comporter aucune granularité importante, faute de quoi l'encre va s'étaler sur des zones rugueuses. Vous pouvez aussi utiliser un papier spécial dont le pouvoir d'absorption est tel que le papier ne boit pas l'encre. Vous évitez ainsi des taches à l'impression.

Impact d'impression sur papier spécial

Impact d'impression sur papier normal

Voyage autour de la terre avec le modem

Pour faire voyager les données autour du globe terrestre, il vous faut un PC et un modem. Cette "petite boîte" placée entre le PC et la ligne téléphonique permet au PC de téléphoner au monde entier. Effectuée sous cette forme, la circulation des données se fait plus souplement qu'une communication ordinaire par téléphone. Le modem permet d'effectuer des opérations bancaires ou de parler à un ami ou encore obtenir des informations importantes à travers un réseau mondial de données ou bien confirmer une commande auprès d'un fournisseur. Peu importe où aboutit le voyage. Cette communication nécessite un logiciel spécial faisant partie des accessoires du modem.

Installation d'un modem

En général, il est facile de raccorder un modem. Il faut le brancher à l'un des ports série (COM1, COM2, etc.) avec un câble adéquat puis à la prise téléphonique. Dans de rares circonstances, vous risquez de rencontrer des difficultés si vous avez branché notamment d'autres périphériques en plus de la souris, comme par exemple une carte réseau. Votre revendeur vous donnera la solution dans ces cas. Après le raccordement, vous devrez connecter le modem au PC via logiciel. Les programmes nécessaires sont fournis avec le modem.

Fonctionnement d'un modem

Le mot artistique "Modem" est un mélange formé des deux termes "Modulator" et "Demodulator". Ils évoquent les fonctions de base d'un modem, à savoir la conversion des informations analogiques en signaux numériques et inversement. Le réseau téléphonique classique est conçu pour la transmission du langage - les sons - sous forme de fréquences analogiques. Mais l'ordinateur ne pouvant comprendre que des zéros et des uns - donc des informations numériques - le modem est obligé de convertir les divers types de données.

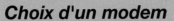

Choix d'un modem

Suivez ces instructions pour choisir le bon modem parmi la multitude des modèles offerts :

1. La vitesse de transmission du modem doit être élevée compte tenu du coût des appels téléphoniques. La vitesse de transfert du modem est mesurée en bps (= bits par seconde). Un modem atteignant une vitesse de 14 400 bps ou 28 800 bps est conseillé.

2. Il est important que le modem choisi puisse reconnaître les principaux protocoles de correction et de compression de données (V34, V.42, V42 et MNP4 ou MNP5). Ces standards garantissent un transfert sans encombre quand la ligne téléphonique est parasitée et compressent les données à grande vitesse.

3. Le modem doit pouvoir émettre des télécopies, donc reconnaître le standard du protocole fax. Il peut aussi supporter le Minitel.

4. Quel usage en faites-vous ? Le gain de place procuré par un modem interne, intégré au PC, a beaucoup d'inconvénients : un modem externe peut être utilisé sur plusieurs PC, dispose de diodes luminescentes indiquant l'état des lignes, il est plus stable et plus performant qu'un modem interne.

5. Facteur important lors de l'achat : vérifiez les logiciels fournis avec le modem.
Un programme de télécopie et un programme terminal doivent être fournis.

Les trois principaux champs d'application d'un modem

Connexion à une messagerie : Une messagerie n'est rien de plus qu'une connexion de boîtes aux lettres électroniques. La conversation avec les utilisateurs PC a lieu à travers celles-ci. Un numéro de téléphone et un mot de passe permettent d'y accéder. En dehors des innombrables petites boîtes postales privées utilisées par des clubs informatiques, il en existe d'autres plus gigantesques à l'échelle mondiale telles que CompuServe, Internet, Fidonet, etc. Dans une boîte postale, vous pouvez laisser des messages pour vos collègues, acquérir des logiciels intéressants, demander des résultats techniques, exécuter des opérations bancaires. Les techniques de communication sont pratiquement illimitées. Vous pouvez par ailleurs consulter le Minitel.

Echange de données avec des amis - "Download" et "Upload": Si un ami possède un modem relié au PC, vous pouvez communiquer avec lui quand bon vous semble à l'aide du clavier. Vous pouvez lui envoyer une lettre ou un jeu informatique. L'envoi de fichiers ou programmes est désigné par Upload dans le jargon spécialisé, la réception de fichiers sur son PC s'appelle Download. Il importe peu que les fichiers proviennent d'une boîte postale ou qu'ils soient envoyés par un ami.

Plus rapide que la poste : la télécopie. Dans la vie professionnelle ou privée, "faxer" représente l'une des méthodes la plus rapide et la plus confortable pour envoyer des lettres et des messages par voie électronique. Un fax ou une copie à distance peut être généré(e) directement depuis le PC si le destinataire dispose d'un fax modem. Vous pouvez ainsi envoyer une commande au fournisseur ou des voeux d'anniversaire avec une rapidité foudroyante.

Tous ensemble dans le réseau

Un réseau se compose de plusieurs ordinateurs reliés entre eux et communiquant ensemble ou échangeant des données. Tous les ordinateurs peuvent accéder ensemble aux mêmes programmes et données. Le réseau le plus simple est ce qu'on

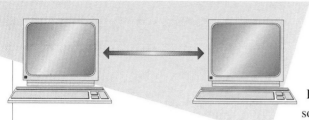

appelle un réseau poste à poste. Il est relativement facile à réaliser car il ne relie que deux PC par un câble (câble Null Modem). Un réseau poste à poste convient pour échanger rapidement des données entre un PC et un portable (sans avoir à copier péniblement des disquettes).

Dans le cas d'un réseau plus complexe, tel qu'on rencontre dans les sociétés, on parle d'un réseau client-serveur. Il se compose d'un serveur (de fichiers) où sont stockées et préparées les données et de plusieurs ordinateurs (postes de travail ou clients) à partir desquels on accède aux données. Le principal avantage d'un réseau est qu'il permet à tous d'accéder aux mêmes données. Elles sont toujours mises à jour et il n'est pas nécessaire de copier laborieusement les fichiers de part et d'autre. Tous les membres du réseau peuvent utiliser en commun les périphériques reliés au réseau tels une imprimante ou un modem. Un réseau permet d'économiser de la place et de l'argent.

Un réseau accepte tous types d'ordinateurs (PC et Macintosh) car il fonctionne avec un langage indépendant du système d'exploitation (ce qu'on appelle le protocole). Le réseau rend possible la communication entre plusieurs postes de travail. C'est ainsi que des messages peuvent être envoyés à travers le réseau (à condition de disposer d'un logiciel adéquat) ou des données peuvent être échangées.

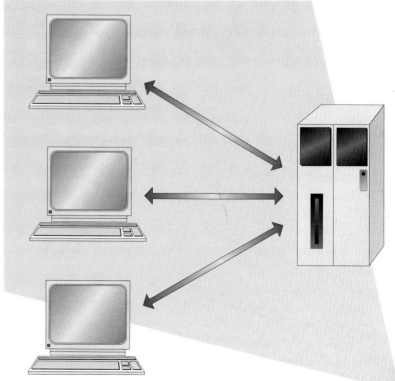

Principe d'un réseau client-serveur

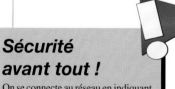

Sécurité avant tout !

On se connecte au réseau en indiquant généralement son nom et un mot de passe. Cette indication est exigée de bon droit pour éviter des accès interdits à tout public. Vous devez vous déconnecter du réseau lorsque vous quittez votre poste de travail. Vous avez ainsi la garantie qu'une personne non autorisée ne pourra pas accéder à vos données sous votre nom et votre mot de passe.

Les diverses topologies de réseau

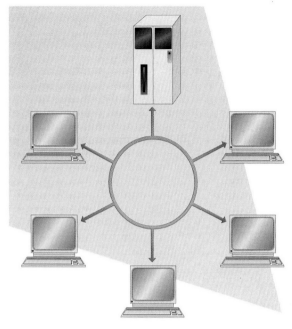

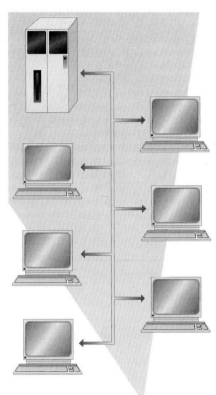

Bus : Un système en bus se compose d'un câble long auquel sont reliés les ordinateurs et un serveur. Les extrémités du câble ne sont pas reliées entre elles. Ce type de réseau est largement répandu.

Anneau : Dans un réseau en anneau, les postes de travail et le serveur sont connectés à un anneau. Les données sont transportées sur l'anneau et distribuées entre les ordinateurs.

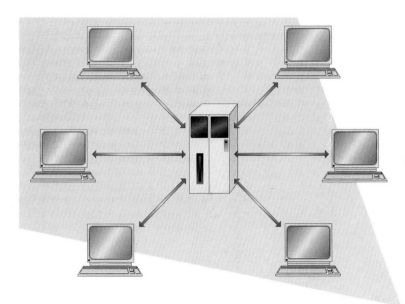

Etoile : Dans ce type de réseau, les postes de travail sont disposés en étoile, directement reliés au serveur. Les postes de travail ne sont pas nécessairement reliés directement entre eux.

Un réseau chez soi

Etes-vous l'heureux possesseur de deux ordinateurs ? Vous voulez raccorder un portable ou un Notebook à votre PC ? N'hésitez pas à construire un réseau sans acquérir à grands frais des cartes réseau ou des logiciels réseau. Pour réaliser un réseau à domicile, il suffit d'un câble Null Modem ou d'un câble d'imprimante bidirectionnel. Ces câbles sont vendus à des prix raisonnables dans les magasins spécialisés. Ce réseau est contrôlé par le système d'exploitation.

Avantages d'un petit réseau personnalisé

Installer un réseau personnalisé s'avère intelligent pour échanger des données entre deux ordinateurs. Et cela arrive plus souvent que vous ne le pensez. Les lettres écrites en chemin sur un portable ou un Notebook ou les bases de données peuvent être transférées facilement sur un autre ordinateur sans même avoir besoin de recourir aux disquettes. Un échange portant sur de grandes quantités de données ne fonctionne d'ailleurs pas à l'aide de disquettes surtout s'il s'agit de dessins, images ou tableaux très complexes. La meilleure alternative consiste sans aucun doute à passer par un réseau.

Directcc.exe

Echange de données à haut débit

L'échange de données peut se réaliser par le port série (COM) ou par le port parallèle (LPT). Utilisez autant que possible le port parallèle car la connexion par LPT1 ou LPT2 s'exécute en général très vite. Vous pouvez atteindre un taux de transfert de 40 Ko par seconde.

Qui est l'hôte ? Qui est l'invité ?

Windows 95 permet de relier deux machines par un câble série Null-modem ou par un câble parallèle. L'un des deux PC fait office d'hôte, mettant ses ressources (lecteurs, dossiers) à la disposition de la machine Invité. Ce type de liaison est fort utile dans le cas où vous devez transférer des données de votre portable (hôte) sur l'ordinateur de bureau (invité). Tout d'abord, il vous faut relier les deux PC par un câble adéquat. Notez que vous devez utiliser sur les deux machines le même port (série-série ou parallèle-parallèle). Sous Windows 95, appelez sur chacun des deux PC le programme *Démarrer/Programmes/ Accessoires/Connexion directe par câble.* Windows 95 vous demande de déterminer le type de la liaison. Ceci fait, utilisez l'option sur le portable. L'hôte attend à présent que l'invité établisse la liaison. Activez l'option Invité sur la machine de bureau.

Le Porte-documents de Windows 95

Le Porte-documents est une technologie inédite de Windows 95 pour simplifier la synchronisation des données entre votre portable et l'ordinateur de bureau. Le Porte-documents gère la mise à jour des fichiers en comparant leur date de modification. Le programme peut être appelé directement depuis le Bureau de Windows 95. Pour synchroniser des fichiers et des dossiers, il vous suffit de les placer dans le Porte-documents. Le Porte-documents peut lui-même être copié sur disquette et transmis à une autre machine. Pour comparer la version originale et celle du Porte-documents, appelez la commande *Porte-documents/Tout mettre à jour.*

Porte-documents

Chapitre 2

Le gestionnaire du PC

- Système d'exploitation
- Principales commandes
- Mémoire vive
- Windows
- Accessoires Windows
- Eventail des polices
- Multitâche
- Echange de données

Rien ne va plus sans système d'exploitation

Un PC, une fois démarré, entre immédiatement en activité grâce au système d'exploitation. On peut affirmer sans aucune exagération que le système d'exploitation représente le commencement du PC. Tout fonctionne avec le système d'exploitation car c'est un logiciel développé spécialement pour faire fonctionner l'ordinateur. Un système d'exploitation est comparable à un Directeur qui prend des responsabilités et des décisions de plus haut niveau.

Le système d'exploitation assure et contrôle l'interopérabilité entre les composants électroniques - du clavier jusqu'à l'imprimante et le moniteur en passant par le disque dur, les lecteurs de disquettes, etc. -. Le système d'exploitation met à votre disposition des fonctions utiles pour obtenir des informations sur le disque dur ou pour enregistrer des données. Et pour couronner le tout, le système d'exploitation constitue la base ou la plate-forme permettant d'écrire des textes, de gérer des adresses, de créer des dessins, etc. Cela ne veut pas dire que le système d'exploitation sert uniquement à écrire ou à dessiner. Il permet aux programmes de traitement de texte ou de dessin à opérer et à exploiter ses fonctions. Il serait en effet absolument impossible de démarrer et contrôler des programmes sans système d'exploitation.

Rôle du système d'exploitation

On prend conscience de la présence du système d'exploitation dès que quelque chose ne fonctionne plus. On utilise par exemple le clavier sans que les lettres et nombres n'apparaissent à l'écran ou encore lorsque le pointeur de la souris devient invisible. Le système d'exploitation veille à bien coordonner les composants de sorte que l'échange de données se réalise sans encombre.

Le démarrage de l'ordinateur illustre parfaitement le champ d'application du système d'exploitation. Le PC entre en action dès que le bouton marche/arrêt est appuyé. En fait, c'est une partie bien précise du système qui se réveille, notamment les fichiers système, contenant des instructions requises par le PC pour charger les principaux fichiers (tels que le gestionnaire de la mémoire). Et lorsqu'on utilise par la suite une application, un traitement de texte par exemple, le système d'exploitation continue toujours d'agir sans même qu'on s'en aperçoive.

Les divers systèmes d'exploitation

Beaucoup d'autres systèmes d'exploitation se sont développés avant Windows 95. Le plus connu est MS-DOS (système d'exploitation pour PC édité par Microsoft). La majorité d'entre eux concerne les gros ordinateurs, c'est-à-dire les ordinateurs à très grande capacité utilisés dans l'industrie. Le principal exemple en est UNIX. Dans le domaine PC, le plus grand concurrent de MS-DOS fut Novell DOS qui s'appelait autrefois DR DOS et qui a été racheté par la société Novell. IBM, l'inventeur du Personal Computer, ne reste pas à l'écart. Il dispose de son propre système d'exploitation nommé PC DOS. Mais le standard d'aujourd'hui est sans conteste MS-DOS (Windows 3.11 fonctionne sous MS-DOS) qui est de plus en plus remplacé par Windows 95.

MS-DOS bien avant Windows 95

Quand on parle de système d'exploitation dans le monde du PC, on sous-entend toujours le système MS-DOS qui est installé sur la grande majorité des PC. DOS qui est l'abréviation de Disk Operating System signifie système d'exploitation de disques ou disquettes. Les deux lettres MS évoquent tout simplement le géant en matière de conception de logiciels, Microsoft. Aujourd'hui, Windows 95 qui est un système d'exploitation à part entière, remplace de plus en plus MS-DOS. Ce dernier existe toujours mais ne représente plus qu'une application parmi d'autres de Windows 95.

Evolution achevée :
système d'exploitation + interface utilisateur = Windows 95

Les anciennes versions de Windows souffraient d'une grosse lacune : elles ne pouvaient pas fonctionner sans le système d'exploitation DOS. En tant qu'interface utilisateur graphique, Windows représentait pour ainsi dire un surensemble qui devait être activé au niveau du système d'exploitation exactement comme n'importe quel programme DOS.

Ce temps est révolu sous Windows 95. Windows a grandi pour devenir un système d'exploitation complet incluant les deux systèmes en un seul : l'interface graphique et le système d'exploitation (cela est mis en évidence dès le démarrage du PC où le prompt DOS C:> n'apparaît plus sur l'écran ; c'est l'environnement de Windows 95 qui se présente directement sous vos yeux). Quels en sont les avantages ? En résumé, le point fort de Windows 95 réside dans le fait qu'il n'a plus besoin de passer par le système d'exploitation pour lire les bits et les octets. Les données sont traitées beaucoup plus vite et les potentialités du matériel sont mieux exploitées.

Dosprmpt

Pas de "C:\>" ?

Ne soyez pas pris de panique si vous avez l'habitude de voir le message "C:\>" sur l'écran de l'ordinateur de vos amis et rien de cela sur le vôtre. C'est que vos amis ne disposent peut-être que de MS-DOS (système d'exploitation) sur leurs machines. Vous qui utilisez Windows 95, sachez que MS-DOS est devenu aujourd'hui une application de Windows 95. Vous pouvez démarrer une session DOS depuis Windows 95 en utilisant la commande *Démarrer/Programmes/Commandes MS-DOS*.

Langage du système d'exploitation

Ne croyez pas pour autant qu'on peut entrer n'importe quelle commande (du genre "Je voudrais maintenant rédiger une lettre"). Vous devez utiliser un langage qui permette au PC de comprendre ce que vous voulez. Vous devez connaître le nom ou la syntaxe spécifique à chaque commande dès lors que vous voulez exécuter des commandes ou des programmes. Tout cela vous paraît sans doute très barbare mais n'ayez crainte : vous vous en sortirez avec quelques petites connaissances. Windows 95 étant très graphique, il vous suffit de cliquer sur le programme pour le démarrer.

Organisation du disque dur

Si l'organisation d'un disque dur en secteurs, pistes et cylindres veille à la bonne gestion et au bon stockage des données, tel n'est pas le cas du côté utilisateur. Le système d'exploitation invite à juste titre l'utilisateur PC à mettre en usage un principe de décomposition conçu sur la base du rangement adopté quotidiennement au bureau : l'art et la manière de ranger les documents. La nécessité d'un tel système d'organisation ne semble pas bien fondée à première vue mais on arrive très vite à perdre la vue d'ensemble sur les données et programmes lorsque la quantité d'informations ne cesse de croître indéfiniment.

Des dossiers pour conserver une vue d'ensemble

On utilise un principe d'organisation hiérarchique pour gérer les données : le disque dur est découpé en plusieurs dossiers d'où se ramifient des sous-tiroirs. Un dossier ressemble à un tiroir où on range des éléments ayant un rapport entre eux. Un dossier correctement intitulé aide ensuite à trouver rapidement le contenu voulu. Windows procède de la même manière pour gérer le contenu du disque dur (des disquettes ou des CD). Nous avons déjà cité le principal dossier, notamment le répertoire principal C:. Il s'appelle répertoire principal car c'est à partir de là qu'on accède aux autres dossiers. Le répertoire principal ne contient en général que quelques fichiers, ceux qui sont indispensables à la gestion du système tels que les fichiers de configuration. La structure hiérarchique du disque dur en répertoires et sous-répertoires ressemble à celle d'un arbre généalogique ou arborescence dans le jargon informatique. A partir du tronc de l'arbre grandissent des branches qui se ramifient à leur tour en branches plus petites. Pour gérer adéquatement les données et travailler efficacement, on doit définir plusieurs dossiers où on classe tous les éléments de même nature comme par exemple un dossier nommé Courrier qui contient toutes les lettres. On peut diviser ce dossier en deux pour créer un dossier réservé aux lettres professionnelles et un autre pour les lettres personnelles.

Les fichiers

Lorsque vous affichez le contenu d'un dossier sur l'écran, vous obtenez une liste de noms tels que USER.DAT, CONFIG.SYS, AUTOEXEC.BAT, etc. Ces noms désignent des fichiers dans lesquels Windows gère des données de toutes sortes : textes, images, programmes... Un fichier représente des données de même nature identifiées par un nom explicite. Le type du fichier est reconnaissable par l'extension ajoutée éventuellement au nom de fichier. Il existe de nombreuses extensions variant d'une application à l'autre. Certaines extensions permettent d'identifier immédiatement le type du fichier que vous êtes en train de manipuler ou que vous pouvez consulter. C'est par exemple le cas des fichiers texte TXT, DOC, WRI, DAT, BAT ou des fichiers image PCX, BMP, WMF, CDR, TIF, CGM.

Des fichiers exécutables se cachent derrière ces extensions

Tous les fichiers ne peuvent pas être exécutés immédiatement. Vous recevrez un message si vous appelez un fichier nommé PERSO.TXT derrière le message d'invite. Vous ne pouvez exécuter que des programmes. Les programmes possèdent l'extension EXE ou COM (par exemple WINWORD.EXE, SOURIS.COM). Les autres fichiers ne sont activables qu'à partir d'un programme, Windows 95 vous demande d'ailleurs de choisir lequel, à travers une boîte de dialogue.

Quel est son nom ?
Des noms de fichier longs

Ce n'est pas une nouveauté révolutionnaire faisant accroître les performances du matériel. Il s'agit tout simplement d'une méthode permettant d'attribuer des noms de fichier et dossier longs sous Windows 95. La longueur des noms de fichier et répertoire qui était limitée à 8 caractères sous DOS et Windows 3.1/3.11 est passée à 256 caractères (espaces compris) sous Windows 95. Il va sans dire que la gestion des fichiers devient plus souple. Les noms de fichier ou répertoire inexpressifs appartiennent désormais au passé. Par exemple, enregistrez votre lettre commerciale sous le nom «Appel d'offre à la société DUROI» au lieu d'attribuer un nom tel que APPDUROI. Pour ne pas rencontrer de difficulté, il est conseillé d'éviter l'emploi des caractères suivants dans les noms de fichier : / \ : , ; * ? « < > |.

Principales commandes de traitement des données

Par données, on entend tout ce qui est stocké dans le disque dur de l'ordinateur : les fichiers, les dossiers, les unités de disquette et de disque dur, etc. Windows fournit via son programme central *l'Explorateur* une multitude de commandes variées permettant de copier, effacer, renommer des fichiers, formater des disquettes, etc. Vous trouverez ci-après une description des opérations les plus courantes que vous serez amenés à effectuer régulièrement au cours de votre travail. Pour ceux qui veulent en savoir plus, nous avons aussi précisé les commandes MS-DOS équivalentes.

Gestion des supports de stockage

Formater une disquette

Vous devez formater une disquette avant sa première utilisation. Lorsque vous insérez une disquette vierge non formatée dans le lecteur et vous tentez d'y accéder avec l'Explorateur, Windows 95 vous propose en toute intelligence de formater la disquette. Vous pouvez à tout moment formater une disquette comme suit : cliquez sur l'icône du lecteur, appuyez sur le bouton droit de la souris et activez la commande *Formater* dans le menu contextuel. Avec Commandes MS-DOS, la commande équivalente est *FORMAT A:*.

Copier une disquette

Vous pouvez avoir besoin de réaliser une copie de disquette pour des raisons de sécurité ou pour transmettre la copie à vos amis. La méthode est très simple : cliquez sur l'icône de la disquette dans l'Explorateur, appuyez sur le bouton droit de la souris et activez la commande *Copie de disquette* dans le menu contextuel. Avec Commandes MS-DOS, la commande équivalente est *DISKCOPY A: A:*.

Donner un nom au support

Chaque disquette ou disque dur peut comporter un nom qui l'identifie, c'est ce qu'on appelle le nom du volume. La méthode est identique : cliquez sur l'icône du support dans l'Explorateur, appuyez sur le bouton droit de la souris et activez la commande *Propriétés* dans le menu contextuel. Tapez le nom du volume dans la zone de texte. Avec Commandes MS-DOS, la commande équivalente est *LABEL A: ou LABEL C::*.

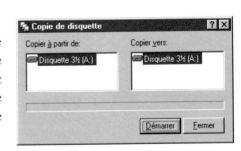

Gestion des dossiers

Afficher le contenu du dossier

Un dossier contient généralement des fichiers et des sous-dossiers. Pour afficher le contenu du dossier, la meilleure méthode consiste à cliquer sur le nom du dossier dans le volet gauche de l'Explorateur. Le volet droit montre alors la liste des données du dossier. Un signe "+" devant le nom signifie que le dossier contient des sous-dossiers. Avec Commandes MS-DOS, la commande équivalente est *DIR <Nom du dossier>*. Pour ne visualiser par exemple que les fichiers .DOC, la commande adéquate est *DIR *.DOC*.

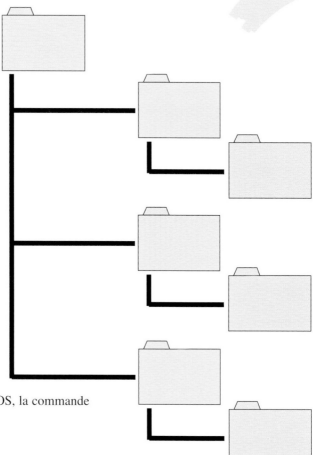

Créer un nouveau dossier

Vous pouvez avoir besoin de créer un nouveau dossier pour y stocker vos documents. Ce dossier peut être placé directement dans le disque dur (on dit "dans la racine") ou à l'intérieur d'un autre dossier. Cliquez dans l'Explorateur sur le dossier parent, appelez la commande *Fichier/Nouveau/Dossier*. Indiquez ensuite le nom du dossier. Avec Commandes MS-DOS, la commande équivalente est *MD*.

Supprimer un dossier

La suppression d'un dossier a pour corollaire la suppression de tous les éléments qu'il contient : fichiers, sous-dossiers, etc. Prenez donc les meilleures précautions avant d'effacer le dossier, mesurez-en bien les conséquences. Une fois que vous êtes bien décidé à jeter le dossier à la corbeille, cliquez sur le dossier dans l'Explorateur, appuyez sur le bouton droit de la souris et activez la commande *Supprimer* dans le menu contextuel. Plus simplement, vous pouvez aussi appuyer sur la touche SUPPR. Avec Commandes MS-DOS, la commande équivalente est *RD* ou *DELTREE*.

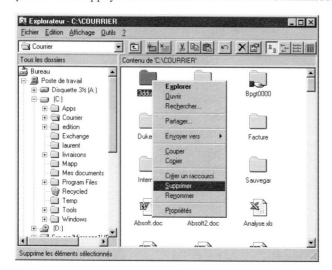

Commandes MS-DOS vient à votre secours !

L'Explorateur est extrêmement utile pour toutes les opérations courantes que vous avez à effectuer sur les données. Toutefois, dans certains cas, cette interface se révèle insuffisante. Par exemple, vous désirez conserver dans un fichier la liste de tous les fichiers DOC de votre disque dur, ou vous désirez renommer en une passe une série de fichiers. Dans ces cas; vous devrez passer par l'écriture de fichiers batch qui fonctionnent dans une session MS-DOS.

Traitement des fichiers

Copier des fichiers

La copie d'un fichier ou de plusieurs fichiers est en général effectuée vers une disquette, un dossier du disque dur ou une unité réseau. La méthode reste très simple : sélectionnez dans l'Explorateur les données que vous désirez copier et déplacez les fichiers vers l'unité de disquette ou vers un autre dossier. Si vous voulez copier les données vers un dossier du même support de stockage (par exemple d'un dossier du disque dur vers un autre dossier du disque dur), n'oubliez pas d'appuyer sur la touche CTRL sinon les données sont déplacées et non pas copiées. Avec Commandes MS-DOS, la commande équivalente est *COPY*. La commande *COPY PERSO.DOC A:* copie par exemple le fichier PERSO.DOC vers l'unité de disquette. Une autre commande *XCOPY*, beaucoup plus puissante, sert à copier des dossiers entiers.

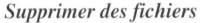

Supprimer des fichiers

Prenez vos précautions avant d'effacer un ou plusieurs fichiers, mesurez-en bien les conséquences. Une fois que vous êtes bien décidé à jeter les fichiers à la corbeille, sélectionnez-les dans l'Explorateur, appuyez sur le bouton droit de la souris et activez la commande *Supprimer* dans le menu contextuel. Plus simplement, vous pouvez aussi appuyer sur la touche SUPPR. Avec Commandes MS-DOS, la commande équivalente est *DEL*.

Annuler la suppression de fichiers

Vous avez malencontreusement effacé un fichier important et vous désirez le récupérer. Très simple : ouvrez la Corbeille par double-clic, sélectionnez votre fichier et appelez la commande *Fichier/Restaurer*. Dans ce genre de chirurgie, effectuez l'opération le plus vite possible, cela augmente vos chances de récupération !

Déplacer des fichiers

Le déplacement d'un fichier ou de plusieurs fichiers est en général effectué vers une disquette, un dossier du disque dur ou une unité réseau. La méthode reste très simple : sélectionnez dans l'Explorateur les données que vous désirez déplacer et amenez les fichiers vers l'unité de disquette ou vers un autre dossier. Si vous voulez déplacer les données vers une unité de disquette ou un dossier d'un autre support de stockage (par exemple d'un dossier du disque dur vers un dossier d'un autre disque dur), n'oubliez pas d'appuyer sur la touche CTRL sinon les données sont copiées et non pas déplacées. Avec Commandes MS-DOS, la commande équivalente est *MOVE*.

Renommer des fichiers

Sélectionnez le fichier dans l'Explorateur, appuyez sur le bouton droit de la souris et activez la commande *Renommer* dans le menu contextuel. Tapez le nouveau nom. Plus simplement, cliquez une fois sur le nom du fichier et tapez le nouveau nom. Avec Commandes MS-DOS, la commande équivalente est *REN*.

Fonctions MS-DOS d'usage courant

CLS : **efface l'écran**

CLS permet d'effacer l'écran quand il devient par exemple surchargé d'informations (les données restent pour autant préservées).

TYPE : **affiche le contenu d'un fichier**

La commande TYPE affiche le contenu des fichiers purement texte (nommés fichiers ASCII). La commande TYPE PERSO.DOC affiche par exemple le texte stocké dans ce fichier.

DATE :
affiche ou modifie la date

La commande DATE permet d'afficher ou de modifier la date. Il convient d'entrer les nouvelles valeurs.

TIME :
affiche ou modifie l'heure

La commande TIME permet d'afficher ou de modifier l'heure. Il convient d'entrer les nouvelles valeurs.

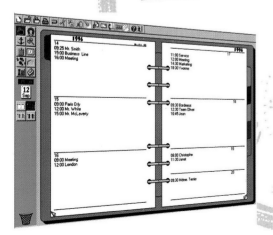

L'astérisque ou le joker

Lors de la description des commandes, vous avez sans doute remarqué l'emploi de l'astérisque à plusieurs reprises, par exemple COPY *.DOC. Cette petite étoile porte le nom de joker ou de caractère générique. Ce joker signifie quelque chose comme tout/tous, bref la totalité. La commande COPY *.DOC peut être interprétée comme suit : copier tout ce qui se termine par l'extension DOC. Les caractères génériques servent à accéder à un groupe de fichiers spécifiques (tous les fichiers texte par exemple).

Maintenance sous Windows 95

La trousse des premiers soins : les utilitaires de Windows 95

De nombreux modules complémentaires assurent la surveillance du système en éliminant les erreurs glissées dans le support de stockage, en optimisant les lecteurs ou en augmentant la capacité. Ces programmes sont accessibles par Démarrer/Programmes/ Accessoires. Voici un aperçu de ces programmes et de leurs fonctionnalités.

ScanDisk : quand le support de stockage commence à défaillir

Un jour ou l'autre vous serez confronté à une situation où votre disque dur ou disquette génère des incohérences. Il devient alors impossible de lire des données, des messages d'erreur défilent sur l'écran ou le système complet tombe en panne. Ces erreurs ne sont pas toujours méchantes et elles peuvent être réparées immédiatement - à condition d'avoir installé le programme adéquat. Le programme fourni par Windows 95 s'appelle ScanDisk. ScanDisk examine scrupuleusement le disque dur et élimine les erreurs qu'il découvre. Appelez le programme et spécifiez le lecteur à vérifier. ScanDisk parcourt le lecteur octet par octet, détecte et corrige les erreurs si bien que le disque dur ou la disquette fonctionne de nouveau sans encombre.

Microsoft Backup : sécurité des données

L'utilisateur d'un PC au bureau effectue régulièrement des sauvegardes mais l'utilisateur à domicile doit, lui aussi, exécuter cette opération de temps à autre. Une sauvegarde ou backup est une copie de sécurité de toutes les données stockées sur disque. Pour peu que le disque dur tombe un jour en panne et vous voilà démuni si vous ne possédez pas ces copies de sécurité de vos données. Dans un tel cas de force majeure, vous serez épargné de la lourde tâche de restauration des données (encore faut-il que cela soit possible). Windows 95 fournit ici le programme nommé Microsoft Backup.

Défragmenter pour accélérer la vitesse d'exécution du disque dur

Vous agissez sans doute de la façon suivante lorsque vous vous trouvez face à un rangement irréprochable de cassettes vidéo : vous sortez à la hâte une cassette et la rangez là où bon vous semble, vous sortez une deuxième cassette que vous remettez dans un coin et ainsi de suite. Les jours passant, votre rangement devient un véritable fouillis où il faut jongler pour retrouver une cassette sur un sujet précis.

Vérifier régulièrement le disque dur

Prenez l'habitude de soumettre votre disque dur à une vérification régulière pour éviter de mauvaises surprises un beau jour. Appelez le programme ScanDisk de temps à autre et vérifiez les bits et octets du disque. Plus vite vous détecterez et éliminerez les erreurs et moins grave sera le danger de perdre un jour la masse entière des données. Pour que votre disque dur reste toujours "en pleine forme", pensez également à exécuter une défragmentation.

Le même phénomène se produit dans un disque dur. Plus vous déplacez les données et plus elles seront dispersées à travers le disque. Lorsqu'il s'agit de démarrer un programme, le disque dur est obligé de se frayer un chemin à travers ce chaos avant de localiser la cible. Cela fait perdre du temps. Pour éviter cette confusion, vous devez utiliser un programme de défragmentation disponible sous Windows 95. Il est intégré sous le nom Défragmenteur de disque dans le groupe Outils système.

DriveSpace : quand le disque dur devient petit

Tous les utilisateurs ont fini par apprendre la même chanson : les applications deviennent de plus en plus volumineuses et il faut stocker des masses gigantesques de données sur disque. Et même si vous avez pris soin de prévoir un grand disque dur, vous constaterez au bout de 3 mois que l'espace entier, jusqu'au tout dernier octet, est occupé. Les programmes de compression en temps réel aident à créer un peu d'espace.

Un programme de compression augmente la capacité de stockage en condensant au maximum les données existantes. Lors de leur utilisation, ces données sont automatiquement décompressées sans votre intervention.

Un tel outil est disponible sous Windows 95 sous le nom DriveSpace.

Si vous souffrez d'un manque d'espace disque chronique, pensez à exécuter au moins

une fois ce programme (le seul inconvénient des programmes de compression est qu'ils tendent à ralentir le disque dur).

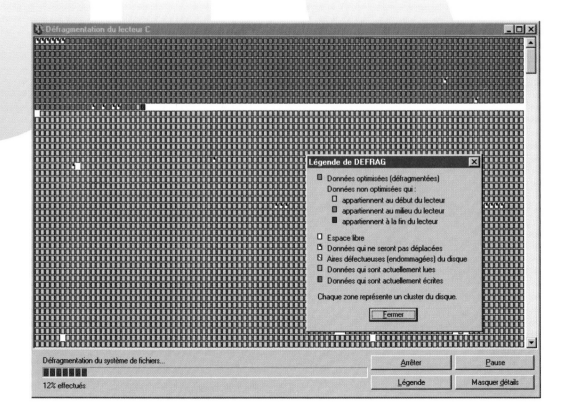

Gestion de la mémoire dans le PC

"Mémoire insuffisante pour charger l'image". Un message de ce genre met en évidence l'importance de la mémoire vive pour les performances du PC. Lorsque vous agrémentez un carton d'invitation avec des photos de vacances ou écrivez le texte d'un message publicitaire, il faut que le PC charge auparavant dans la mémoire vive le programme graphique ou le traitement de texte ainsi que les outils adéquats. Vous devez disposer de beaucoup de mémoire vive pour exploiter pleinement le PC. Le bon fonctionnement du PC ne dépend pas uniquement de la mémoire vive - le minimum requis s'élève aujourd'hui à 8 Mo -, mais surtout de la gestion de la mémoire. Sous le système d'exploitation MS-DOS, la mémoire n'est pas gérée d'un seul bloc, elle est au contraire segmentée. Sous Windows 95, elle est traitée en continu. Quelques explications théoriques vous permettront d'éviter de mauvaises surprises lors de votre travail. Que se cache-t-il donc derrière les notions de mémoire supérieure, mémoire haute, mémoire étendue ou mémoire conventionnelle ?

Les divers types de mémoire

1. Mémoire conventionnelle. La mémoire est gérée par segments sous le système d'exploitation MS-DOS et non en un seul bloc. Le maître d'œuvre est la mémoire conventionnelle allant de 0 à 640 Ko et adressable directement par le système d'exploitation. La barrière des 640 Ko, longtemps restée infranchissable, est désormais brisée par Windows 95.

64 Ko

1024 Ko

2. Mémoire supérieure : désigne le bloc compris entre 640 Ko et 1024 Ko. Cette zone de 384 Ko est réservée à des tâches spécifiques comme par exemple la gestion vidéo.

3. Mémoire étendue : mémoire située au-delà de 1 Mo. Ce bloc de mémoire est utilisable depuis l'avènement des PC 386. On peut également déclarer une mémoire paginée mais elle joue un rôle insignifiant à l'ère de Windows.

640 Ko

4. Mémoire haute : L'utilisation des 64 premiers Ko de la mémoire étendue fait la différence entre les premiers PC et leurs successeurs.

5. Pour permettre au PC de s'y retrouver dans sa mémoire, la mémoire vive est divisée en d'innombrables cellules associées chacune à une adresse. Les noms d'adresse commencent à 000h et se suivent ainsi de suite.

La commande MEM sous commandes MS-DOS

Utilisez la commande MEM pour déterminer la quantité de mémoire vive dont vous disposez. Vous serez parfois surpris de constater que le système affiche moins de mémoire que les 640 Ko de mémoire vive attendus. De la valeur maximale, vous devez soustraire la quantité occupée directement par le système d'exploitation après le démarrage du PC. Tapez MEM/D pour visualiser la manière dont les cellules de mémoire sont occupées.

0 Ko

La mémoire virtuelle

Vous n'aurez jamais suffisamment de mémoire vive. C'est la raison pour laquelle Windows 95 use d'une petite astuce pour augmenter la quantité de mémoire vive. Ce procédé s'appelle la gestion de mémoire virtuelle. La mémoire virtuelle est une mémoire qui n'existe pas en réalité. Si vous installez par exemple 8 Mo de mémoire vive sur votre PC, Windows augmente la quantité de mémoire réellement existante en utilisant une partie du disque dur comme espace mémoire. La mémoire vive étant simulée sur le disque dur, on peut adresser plus de mémoire vive qu'il n'en existe en réalité. Lorsque vous appelez en parallèle plusieurs applications sous Windows, les témoins lumineux situés sur le disque dur montrent combien de fois Windows accède au disque dur. L'inconvénient de l'espace disque utilisé en tant que mémoire vive réside dans le fait que le système ne peut pas y accéder aussi vite qu'aux cellules RAM de la mémoire vive.

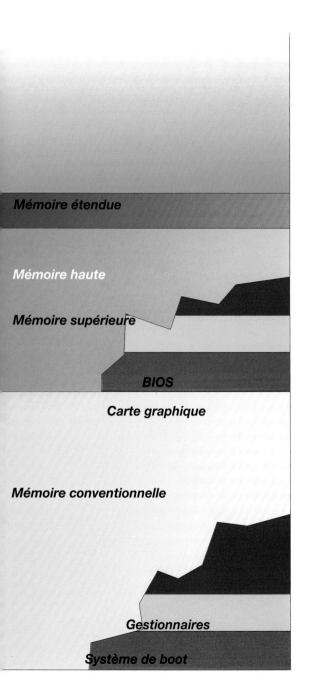

Mémoire étendue

Mémoire haute

Mémoire supérieure

BIOS

Carte graphique

Mémoire conventionnelle

Gestionnaires

Système de boot

La barrière maudite des 640 Ko est franchie

Pendant longtemps, une barrière infranchissable faisait obstacle à l'accroissement de la mémoire vive due à l'histoire mouvementée de MS-DOS. Il a fallu de longues années avant que cette barrière soit brisée. Les premiers PC étaient dotés des processeurs 8086 et 8088 de la société Intel. Ces processeurs pouvaient gérer au maximum une mémoire vive de 1024 Ko ou 1 Mo car ils ne disposaient en interne que de 20 lignes d'adresse capables d'allouer 1024 Ko (= 2 puissance 20) seulement. MS-DOS ne donnait pas à l'utilisateur l'autorisation d'utiliser entièrement cette mémoire mais se contentait d'offrir une bagatelle de 640 Ko. Les 384 Ko restants étaient réservés à la gestion interne : pour gérer le moniteur, le disque dur ainsi que le BIOS en ROM (Basic Input Output System). La barrière maudite des 640 Ko a subsisté sur les PC des générations suivantes car tous les PC sont compatibles avec les anciennes versions c'est-à-dire qu'ils reprennent leurs propriétés. Mais Windows 95 est parvenu néanmoins à éliminer cet handicap.

Comme tout est bien organisé sur l'interface de Windows 95 !

L'interface de Windows 95 se présente sur l'écran quelques secondes après le démarrage
du PC. Ce qui frappe immédiatement aux yeux est l'absence des fenêtres, menus et groupes de
programmes si familiers dans les anciennes versions de Windows. Ce qu'on aperçoit
désormais est un bureau parfaitement organisé agrémenté de quelques icônes et
d'une longue barre de couleur grise au bas de l'écran.
Il s'agit en l'occurrence de la barre des tâches.

Tout ce dont vous avez besoin est disponible ici

Vous vous demandez sans doute où sont
passés les programmes, les groupes de
programmes et fichiers ? Tous les éléments
sont maintenant disposés dans la barre des
tâches. Cliquez par exemple sur le bouton
Démarrer et vous
obtenez une fenêtre listant les commandes
derrière lesquelles se cachent les
différentes fonctions :

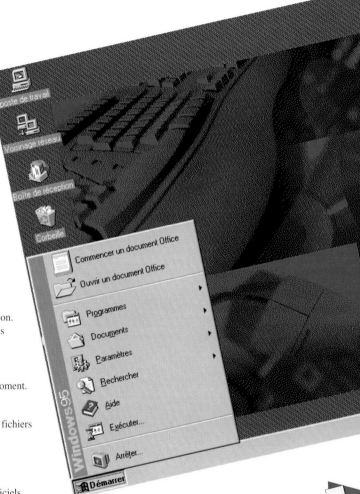

Arrêter

Par cette commande, quittez Windows 95 pour mettre
l'ordinateur hors tension mais aussi pour basculer par exemple
vers le mode DOS ou pour redémarrer Windows 95 sous une
session différente.

Exécuter

Utilisez cette commande pour démarrer directement une application.
Contentez-vous de préciser le dossier et le nom de fichier ou faites
une recherche et votre programme s'exécutera aussitôt.

Aide

Contient l'aide de Windows 95 que vous pouvez appeler à tout moment.

Rechercher

Utilisez cette commande pour localiser en quelques secondes des fichiers
et dossiers.

Paramètres

Cette commande permet d'accéder aux différentes fonctions
aidant à installer et configurer les composants matériels et les logiciels.

Documents

C'est une sorte d'entrepôt où sont stockés automatiquement les documents dernièrement modifiés.
Lors du prochain démarrage de l'ordinateur, vous consultez cette commande pour connaître les fichiers
dernièrement utilisés et les appeler directement.

Programmes

Cette commande permet d'accéder entre autres au Gestionnaire de fichiers de Windows 95 (l'Explorateur
de Windows), au module Commandes MS-DOS, au groupe Démarrage et à d'autres groupes de
programmes y compris les programmes qui en font partie. Le groupe d'un nouveau programme que vous
installez se définit en principe à cet endroit. Promenez le pointeur de souris sur un groupe de programmes
et vous constatez l'ouverture d'une autre liste répertoriant les différentes applications (traitement de texte,
base de données, tableur, etc.).

Déplacer la barre des tâches

Changez l'emplacement de la barre des
tâches si vous n'aimez pas qu'elle
occupe en permanence le bord inférieur
de l'écran. Avec le bouton gauche
appuyé, amenez la barre des tâches en
haut, en bas, à gauche ou à droite ou
modifiez sa taille.

Avantage des fenêtres

L'idée fondamentale de **Windows** est simple. Vous communiquez avec le PC par le biais d'une fenêtre. Le PC devient transparent pour que vous puissiez scruter à l'intérieur à travers une fenêtre. Le fenêtrage (ou windowing) consiste à diviser le moniteur en plusieurs volets délimités par un cadre. Plusieurs fenêtres peuvent ainsi être affichées simultanément sur l'écran. Chaque fenêtre agit comme un écran à part entière dans laquelle vous pouvez travailler et circuler à votre gré. En tant qu'utilisateur, vous gardez en même temps le contrôle sur des opérations diverses, par exemple sur un fichier d'adresses tournant dans la fenêtre du bas pendant que vous écrivez une lettre. Vous pouvez basculer en l'espace d'une seconde d'une fenêtre à l'autre, échanger des données, etc. Un autre aspect essentiel de **Windows** se nomme WYSIWYG : What you see is what you get. Une fois que votre lettre est fin prête sous **Windows**, celle-ci présente exactement l'apparence qu'elle aura sur papier. Directement sur l'écran, vous avez une idée précise de l'effet produit par la police utilisée et vous pouvez juger si le texte souligné rend l'effet escompté.

Séquences de commande remplacées par des clics de la souris

Comment démarrer un texteur pour écrire une lettre sans disposer de **Windows** ? Vous devez entrer le nom du programme derrière le prompt DOS C:\ puis taper la touche Entrée pour confirmer l'action. **Windows** opère tout autrement. Dans ce système d'exploitation orienté graphique, nul besoin de recourir à des noms de fichier tels que Word pour démarrer des programmes ou à des séquences de commande barbares du type copy c:\word\texte\courrier.doc a: pour exécuter des actions. Le tour est joué par un simple clic sur l'icône appropriée. Le texteur est représenté par exemple par une plume et un encrier, le programme de dessin par un pot de peinture et la base de données par une pile de fiches. Cliquez deux fois rapidement avec la souris sur l'icône concernée - le double-clic universellement connu - pour activer le programme choisi. L'avantage coule de source : Windows fournit un environnement où les icônes aident à commander les actions. Son utilisation s'inspire des manipulations que tout un chacun est amené à faire quotidiennement. La souris prolonge la main d'où partent toutes les actions.

Windows est une interface utilisateur graphique

Quand la première version de **Windows** apparut sur le marché en 1986, personne ne s'imaginait qu'une nouvelle ère du PC venait de naître. **Windows** a pris l'ampleur d'un système d'exploitation maîtrisé par tous à travers le monde d'après les prévisions de son fondateur Bill Gates. Rien ne peut fonctionner aujourd'hui dans le monde PC sans **Windows** bien que Microsoft n'ait en rien participé à la création de cette interface graphique. A l'origine le concept a été mis au point en 1984 par la société Xerox sous forme d'une interface utilisateur graphique - Graphical User Interface - qui a d'abord fait fureur dans d'autres domaines informatiques. Le monde Unix en fut le premier bénéficiaire puis il fut adopté par Apple en raison de ses conséquences bénéfiques. Steven Jobs - l'un des fondateurs de Apple - veilla à ce que ses ordinateurs Macintosh restent éternellement les plus conviviaux. Mais en 1985, Bill Gates - en tant que PDG de Microsoft - obtint le droit d'exploiter les éléments disponibles sur les ordinateurs Apple. Et c'est ainsi que commença la croisade de **Windows**.

Le bureau Windows

Les éléments affichés au démarrage de Windows sur l'écran présentent une similitude avec un bureau de travail. Sur un bureau bien rangé, vous ne placez que les éléments dont vous avez réellement besoin et à des endroits où ils sont faciles d'accès. C'est par exemple le cas de votre agenda, du calendrier, de la calculette, des fiches cartonnées, des dossiers de dessin, etc. Vous faites un tri entre les objets qui vous servent fréquemment et ceux que vous n'utilisez que rarement. Le principe adopté par Windows s'inspire du même modèle de travail : Sur l'écran, l'utilisateur agit sur un bureau simulé graphiquement appelé Desktop en anglais. La souris, qui prolonge la main de l'utilisateur, permet de manipuler tous les éléments du bureau.

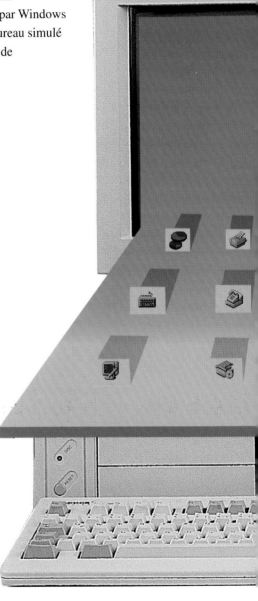

La plate-forme Windows

Windows ne se contente pas d'être une belle interface agrémentée d'icônes en couleurs. **Windows** est devenue une plate-forme pour toutes les applications couramment utilisées telles que traitements de texte, bases de données, tableurs. Tous ces programmes se présentent à l'écran avec les éléments typiques à **Windows**. Pour l'utilisateur final, ce modèle communément adopté présente un grand avantage : il ne perd plus de temps à se familiariser avec un nouveau programme. Toutes les applications **Windows** sont dotées des mêmes icônes et éléments de sorte que le fonctionnement reste absolument identique même si les programmes sont complètement différents.

Accélérez Windows

Le Panneau de configuration aide à personnaliser à volonté l'environnement de travail sur PC. Vous disposez d'innombrables variantes de couleurs qui ne demandent qu'à être mélangées par vos soins sans compter les attrayants motifs de fond pour agrémenter le bureau. Mais le renouvellement permanent des couleurs et images tend à ralentir la vitesse du PC. Des motifs trop complexes alourdissent la mémoire vive et diminuent les ressources disponibles pour les applications **Windows**. Parfois il vaut mieux se contenter de peu de couleurs.

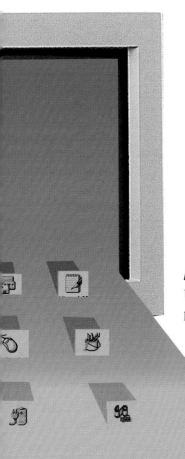

Le Poste de travail

En haut à gauche de l'écran, vous voyez généralement une icône d'ordinateur avec la mention *Poste de travail*. Double-cliquez sur l'icône et vous découvrez l'ensemble des lecteurs présents dans votre machine ainsi que quelques dossiers spécifiques. Le Poste de travail est en fait un substrat de l'Explorateur et permet une navigation légèrement différente. Une fois le Poste de travail ouvert, chaque double-clic sur une unité de disque ouvre une nouvelle fenêtre. Si le foisonnement des fenêtres vous répugne, vous pouvez utiliser la même fenêtre pour toutes les navigations : faites *Affichage/Options* et activez l'option *Parcourir les dossiers avec une fenêtre unique pour chaque dossier*.

Les raccourcis

Un raccourci, comme son nom l'indique, représente un moyen plus rapide et plus direct pour atteindre une information. Dans le cas de Windows 95, vous pouvez créer des raccourcis pour atteindre très rapidement un fichier, un dossier, une imprimante, un lecteur, bref la majorité des objets Windows. Par exemple, si vous utilisez très souvent un dossier classé au troisième niveau de l'arborescence du disque, vous pouvez en placer un raccourci directement sur le Bureau. Votre dossier et vos données restent toujours au même endroit, seul un pointeur est créé sur le Bureau pour en faciliter l'accès. Sélectionnez le dossier dans l'Explorateur, maintenez appuyé le bouton droit de la souris et déplacez le dossier sur le Bureau. Relâchez le bouton de la souris et choisissez la commande *Créer un ou des raccourci(s) ici*.

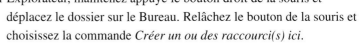

HP LaserJet
4V-4MV

Disque dur (C)

Raccourci vers
Courrier

La barre des tâches reste en permanence sur l'écran même si vous êtes en train de travailler dans une application. La barre des tâches vous évite de commuter sans cesse d'un programme à l'autre puisque les programmes y sont toujours accessibles. Vous pouvez replier vers la barre des tâches un programme dont vous n'avez pas besoin immédiatement : cliquez sur le carré gris muni d'un trait horizontal en haut à droite de la fenêtre de programme. Le programme concerné atterrit dans la barre des tâches à partir de laquelle il peut être appelé à tout moment par simple clic sur le bouton qui lui a été attribué.

La souris sous Windows 95

En ce qui concerne la convivialité, Windows 95 se démarque par le fait que la majorité des actions - y compris la saisie de texte - peut être exécutée avec la souris. Un simple clic sur le bouton gauche provoque l'affichage des menus ou la sélection des noms de fichier et dossier, des commandes, etc. Un double-clic appelle des programmes et fichiers. La nouveauté de Windows 95 par rapport aux anciennes versions est l'implémentation du bouton droit.

Un clic sur le bouton droit sous Windows 95 ouvre ce qu'on appelle un menu contextuel dont les fonctions se rapportent toujours à l'objet qui a été cliqué. Un objet peut être représenté ici par une icône, une fenêtre, un fichier, un dossier ou le bureau de Windows 95.

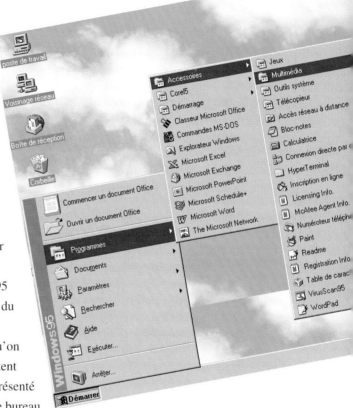

Un menu contextuel permet d'appeler des fonctions ou définir des propriétés. Le menu contextuel permet par exemple de démarrer un programme, de copier, supprimer, renommer un fichier ou réorganiser les icônes sur le bureau. Cette énumération ne s'arrête pas là, vous vous en doutez. Les fonctions affichées dépendent toujours de l'objet qui a été choisi.

A propos des fichiers, programmes et raccourcis : les icônes du bureau

Vous vous demandez ce que peuvent bien signifier toutes ces icônes sur le bureau. Encore une fois, ce sont des objets représentés par des fichiers, programmes ou raccourcis. Un certain nombre d'icônes sont configurées automatiquement lors d'une installation standard, comme par exemple l'icône Poste de travail (montrant la liste des lecteurs et dossiers système) ou la Corbeille (responsable de la suppression des données). Vous pouvez à tout moment ajouter des icônes sur le bureau pour les programmes ou fichiers que vous avez l'habitude d'utiliser. Pour réaliser cette action, ouvrez l'Explorateur de Windows (le remplaçant du Gestionnaire de fichiers), recherchez le programme ou le fichier voulu (ou pourquoi pas le lecteur de disquettes, le disque dur ou le lecteur de CD-ROM) et tirez l'objet vers le bureau avec le bouton droit appuyé. Une nouvelle icône munie d'une petite flèche courbée apparaît sur le bureau. Cette petite flèche signale qu'il s'agit là d'un raccourci. L'icône ainsi générée ne représente pas le programme ou le fichier proprement dit. Ce n'est qu'un renvoi vers l'objet concerné. Le démarrage du programme reste inchangé. Lorsque vous activez une application selon cette méthode, vous ne remarquez même pas qu'il s'agit d'un raccourci.

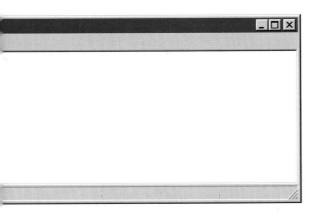

Les fenêtres sous Windows 95 : les fonctions de la barre de titre

Toutes sortes de petites icônes sont visibles à gauche et à droite de la barre de titre d'une fenêtre Windows 95. Ces icônes remplissent des fonctions différentes. L'icône située à gauche du nom de la fenêtre ouverte cache un menu dont l'activation se fait par simple clic. Les fonctions de ce menu servent à diminuer, agrandir, fermer, etc. la fenêtre. Le petit carré gris muni d'un trait horizontal replie la fenêtre vers la barre des tâches lorsqu'il est cliqué avec le bouton gauche ; l'icône ressemblant à une page (icône du milieu) agrandit la fenêtre à la taille de l'écran ; la croix ferme l'application.

À la découverte de Windows 95

Vous vous demandez comment vous allez procéder pour exécuter des opérations après avoir installé votre nouveau logiciel ou après avoir laissé de côté un programme inutilisé depuis longtemps. Une éternité peut s'écouler avant de maîtriser toutes les fonctionnalités d'un programme surtout s'il s'agit d'un système complexe tel que Windows 95. C'est pourquoi, il ne sera pas vain de décrire ici les principales fonctions de Windows 95 auxquelles on ne peut pas renoncer.

Démarrer un programme

Vous disposez de plusieurs méthodes pour démarrer un programme. Si le programme est déjà installé sous Windows 95 et si son groupe est déjà créé, cliquez sur le bouton *Démarrer* pour ouvrir le menu *Démarrer*. Placez le pointeur sur la commande *Programmes*.

Une autre fenêtre listant tous les groupes installés est ouverte. Placez le pointeur sur le groupe voulu et cliquez sur le bouton gauche pour démarrer le programme qui est apparu dans une autre fenêtre. Pour démarrer une application n'ayant pas de groupe ou située sur une disquette ou un CD-ROM, utilisez l'Explorateur où vous double-cliquez sur le nom de fichier qui vous intéresse. Utilisez sinon la commande *Exécuter* disponible dans le menu *Démarrer*. Indiquez ici le nom de fichier ainsi que le dossier (cliquez avec le bouton gauche sur le bouton *Parcourir* si vous ne vous souvenez plus de ces indications) et confirmez par OK.

Un bureau Windows 95 sur mesure

Windows 95 permet de configurer le bureau selon vos propres aspirations. Par exemple, n'hésitez pas à tirer (par glisser-déplacer avec le bouton gauche appuyé) vos applications préférées depuis l'Explorateur vers le bureau de Windows 95. Vos programmes (traitement de texte ou base de données) deviennent ainsi directement disponibles.

Toutes les icônes situées sur le bureau peuvent être déplacées à volonté en un endroit quelconque de façon à les réorganiser suivant vos propres critères. L'arrière-plan, l'écran de veille, les couleurs et l'affichage peuvent eux aussi être personnalisés. Cliquez sur *Démarrer* et choisissez *Paramètres/Panneau de configuration*. Double-cliquez sur l'icône

Affichage. Vous obtenez une fenêtre contenant des onglets que vous pouvez activer avec la souris. Ces onglets renferment les différentes fonctions pour définir par exemple un arrière-plan agrémenté de motifs, pour activer un écran de veille au bout d'un certain délai ou pour assurer une protection par un mot de passe. De même, d'autres fonctions permettent de configurer les fenêtres, les menus, la résolution ou les couleurs en tenant compte du matériel (256 couleurs, High Color, True Color selon la carte graphique).

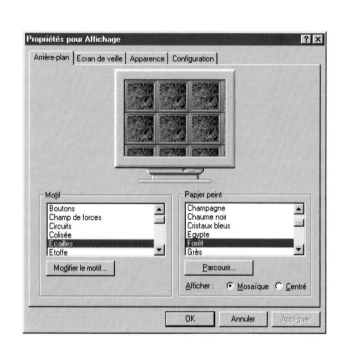

Tout compris : les accessoires de Windows 95

Windows 95 est équipé d'une grande quantité de programmes utiles intégrés d'avance dans le système. Ces modules sont configurés automatiquement lors d'une installation classique. L'Explorateur représente par exemple un puissant Gestionnaire de fichiers, WordPad est un traitement de texte à facettes multiples, Paint est un programme de dessin. Vous avez ci-après la liste des principaux utilitaires fournis avec Windows 95.

Tous les fichiers à portée de la main avec l'Explorateur

Garder de l'ordre sur son PC fait aussi partie des tâches quotidiennes afférentes à l'ordinateur tout comme écrire une lettre ou gérer des adresses. Pour que les données puissent être localisées sans difficulté, il faut qu'elles soient rangées et gérées de façon claire et concise. Windows 95 fournit à cet effet l'outil Explorateur. L'Explorateur est un Gestionnaire de fichiers aidant à exécuter confortablement toutes les tâches liées aux fichiers, répertoires - appelés dossiers sous Windows 95 - et supports de stockage tels que disques durs, disquettes, lecteurs de CD-ROM, réseaux et autres.

Activer l'Explorateur

Après avoir démarré l'Explorateur par la commande Démarrer/Programmes, vous apercevez sur l'écran des fenêtres ainsi que la barre de menus montrant les fonctions de l'Explorateur en haut de l'écran. Dans la partie gauche de la fenêtre sont répertoriées les icônes des lecteurs de disquettes, disques durs, lecteurs de CD-ROM et du réseau (s'il en existe un).

Le contenu d'un lecteur peut être visualisé par simple clic sur le bouton gauche. Cliquez par exemple sur l'icône du disque dur pour obtenir à droite la liste des dossiers (le dossier Windows 95 ou le dossier de votre traitement de texte) et fichiers stockés sur disque.

Un double-clic permet d'afficher le contenu d'un dossier ou démarrer directement un programme depuis l'Explorateur.

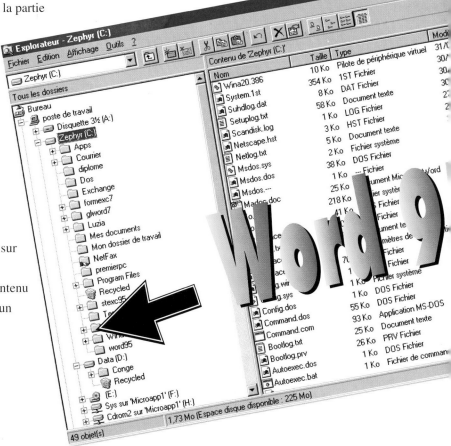

Pas de fichier affiché à l'écran

Si vous n'apercevez que des dossiers sur l'écran, cela signifie qu'ils ne contiennent pas de fichiers ou que le dossier est fermé. Ouvrez le dossier en double-cliquant sur son icône et vous obtiendrez l'affichage des fichiers. Pour consulter un autre support de stockage (la disquette A: depuis l'unité C:), cliquez sur l'icône portant le nom du lecteur voulu.

Glisser-déplacer pour manier fichiers et répertoires

Vous pouvez oublier définitivement la frappe laborieuse des commandes et options indispensable sous DOS puisque l'Explorateur opère beaucoup avec la souris. Cliquez par exemple sur le fichier à supprimer puis tapez SUPPR. De même, quelques manipulations suffisent amplement pour copier un fichier : cliquez sur le fichier, gardez le bouton de souris appuyé, faites glisser la souris vers le dossier ou lecteur devant contenir le fichier et relâchez le bouton. Et le fichier aboutit à la destination voulue. Le procédé que vous venez d'appliquer s'appelle glisser-déplacer ou Drag & Drop en anglais.

Marquer un fichier

Le fichier à copier ou à supprimer est marqué par un clic de la souris comme vous avez pu le constater. Mais très souvent, on est amené à éditer simultanément plusieurs fichiers. La marche à suivre ne pose aucune difficulté. Il existe deux méthodes de sélection. Pour marquer des fichiers listés consécutivement, gardez la touche MAJ appuyée pendant le clic. Pour marquer des fichiers isolés, gardez la touche CTRL appuyée pendant le clic.

L'Explorateur ne se contente pas d'afficher le contenu d'un lecteur, d'un fichier ou d'un dossier

Comment copier, déplacer ou supprimer un fichier ou un dossier ?

C'est un jeu d'enfant que de copier, déplacer ou supprimer des fichiers et dossiers avec l'Explorateur. Commencez par marquer l'objet par simple clic sur le bouton gauche (marquez plusieurs objets consécutifs en gardant la touche MAJ appuyée pendant le clic ou marquez des objets éparpillés dans la liste en gardant la touche CTRL appuyée pendant le clic).

Appuyez sur SUPPR pour supprimer tous les éléments marqués. Confirmez le message de sécurité renvoyé par Windows 95. Pour déplacer les objets marqués en un autre endroit (par exemple dans un dossier différent), gardez le bouton gauche appuyé et tirez le pointeur vers l'icône du dossier ou lecteur où vous relâchez le bouton gauche.

Les combinaisons de touches CTRL + C (touche CTRL enfoncée et appui sur C) ou CTRL + X (cette combinaison de touches fait disparaître les fichiers et dossiers dans le dossier de départ) transfèrent les objets vers une mémoire tampon invisible. Lorsque vous choisissez ensuite un nouveau dossier ou support de stockage, vous pouvez y restaurer avec CTRL + V les fichiers et les dossiers préalablement copiés ou coupés.

Pour copier des données sur une disquette, la barre de menus renferme une commande spécifique à cette action sous le nom *Fichier/Envoyer vers*. Marquez les fichiers à copier et choisissez le lecteur de disquettes sous *Envoyer vers*.

Autres activités de l'Explorateur

L'Explorateur possède beaucoup d'autres fonctions destinées à assurer une gestion efficace des fichiers. Ces fonctions permettent de créer des dossiers, formater des disquettes, rechercher des fichiers, partager ou connecter des lecteurs réseau, renommer des fichiers ou dossiers (y compris les noms de fichier longs) et décider des informations à afficher (par exemple la date, la taille - même si des fichiers tels que les fichiers système ne sont pas toujours listés). Toutes ces fonctions sont incluses dans la barre de menus de l'Explorateur. Elles sont activables par simple clic.

Écrire et dessiner avec Windows 95

De nombreux utilisateurs mettent à contribution leur PC pour rédiger leur courrier et concevoir des documents en tous genres. De même, la création artistique joue aussi un rôle important chez

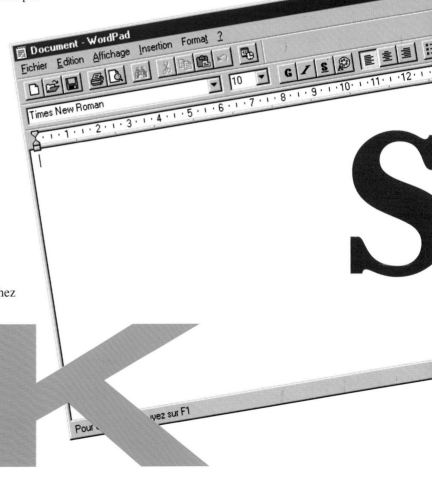

ces utilisateurs. Ils aiment bien dessiner et jouer avec les couleurs. Pour ces deux cas de figure, Windows 95 fournit deux programmes puissants qui sont intégrés dans le coffret de Windows 95 : il s'agit du traitement de texte WordPad et du programme de dessin Paint.

La machine à écrire de Windows 95 : WordPad

WordPad est un traitement de texte équipé de toutes les fonctions requises par un utilisateur classique. En ce sens, il rappelle quelque peu le programme Word pour Windows beaucoup plus puissant (et onéreux). WordPad s'avère amplement suffisant à un utilisateur qui ne cherche qu'à rédiger des lettres et à agrémenter parfois ses documents d'une petite image. Quant aux fonctions poussées, implémentées généralement dans le domaine professionnel (dans les bureaux), il faut tout simplement y renoncer. WordPad dispose des principales fonctions servant à créer et mettre en forme un texte. Mettre en forme signifie améliorer l'aspect esthétique du texte.

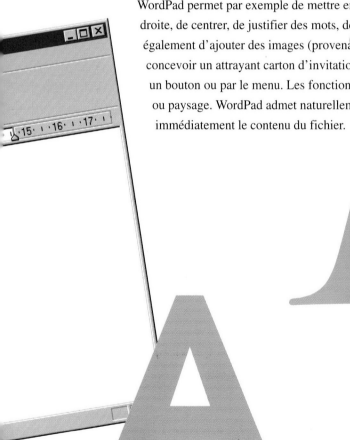

WordPad permet par exemple de mettre en gras, en italique, de souligner, d'aligner à gauche, à droite, de centrer, de justifier des mots, des phrases ou des paragraphes. WordPad permet également d'ajouter des images (provenant par exemple de Paint) dans un document pour concevoir un attrayant carton d'invitation. Des puces peuvent être insérées par simple appui sur un bouton ou par le menu. Les fonctions d'impression permettent d'imprimer au format portrait ou paysage. WordPad admet naturellement les noms de fichier longs qui laissent deviner immédiatement le contenu du fichier.

En cas d'urgence : Aperçu rapide du document

De toute urgence, vous avez besoin de vérifier le contenu d'un texte ou d'un document. Ne vous amusez pas à charger le traitement de texte concerné sous Windows 95 et à ouvrir le document. Pensez à cliquer avec le bouton droit sur le document (par exemple dans l'Explorateur), choisissez la commande Aperçu rapide et examinez le document dans une fenêtre indépendante.

Le maître dessinateur : Paint

Paint est un simple programme de dessin qui aide à laisser libre cours à votre imagination et à tester vos dons artistiques. Paint convient parfaitement à un usage à domicile.

Paint permet en effet de tracer des traits, des rectangles, des cercles et à vaporiser des couleurs ou à peindre avec un pinceau et un crayon. Vous pouvez utiliser des couleurs variées, gommer, ajouter un texte, marquer, couper, déplacer, etc. des portions de l'image.

Paint permet d'ouvrir et de modifier des images existantes - des images bitmap seulement (fichiers munis de l'extension BMP). Paint est en mesure de générer des effets spéciaux qui déforment certaines parties de l'image. Faites des expériences avec les outils de dessin et concevez pour commencer une sympathique carte d'invitation que vous imprimez sur une imprimante couleur.

Outils de dessin

Des outils, des couleurs et un pinceau sont indispensables pour dessiner. Paintbrush fournit une gamme complète de fonctions de dessin. A gauche se trouvent les outils qui remplissent exactement les mêmes tâches que de vrais outils.

L'outil Étoile sert à marquer des zones que vous déplacez ou coupez par la suite. Un vaporisateur produit des effets en brosse, un pinceau sert à dessiner à main levée, un rouleau sert à remplir une surface de couleurs. De nombreuses fonctions permettent de tracer des traits ou des objets géométriques. L'icône A sert à entrer et modifier un texte. La gomme efface le travail.

Des couleurs et un pinceau sont requis pour dessiner et peindre une image. Paint permet de définir l'épaisseur des traits à l'aide du champ situé en bas à gauche de l'écran. La forme du pinceau peut être modifiée avec le menu Options (rond, carré, oblique). Une palette de couleurs se trouve au bas de l'écran. Elle sert à définir la couleur du fond et du premier plan. Une zone témoin située à côté de la palette indique la couleur en cours. Pour changer de couleur, cliquez sur le bouton gauche pour la couleur du premier plan et sur le bouton droit pour la couleur du fond.

Effets spéciaux avec Paint

Hormis les fonctions de mise en forme classiques, gras, italique, souligné, police et taille de caractères, Paintbrush permet de réaliser d'intéressants effets spéciaux.

Bordure

Sert à encadrer un texte.

Ombré

Affecte une ombre au texte.

Remarque : La palette de couleurs permet de définir la couleur et l'ombre du cadre en plus de la couleur du fond et du premier

Un arrière-plan personnalisé avec Paint

Ebauchez un arrière-plan à votre convenance si l'arrière-plan proposé par défaut par Windows 95 vous semble monotone à la longue. Créez votre dessin sous Paint et utilisez-le en tant qu'arrière-plan de votre bureau Windows 95 en passant par la commande Fichier/Papier peint par défaut (Mosaïque) ou Fichier/Papier peint par défaut (Centré).

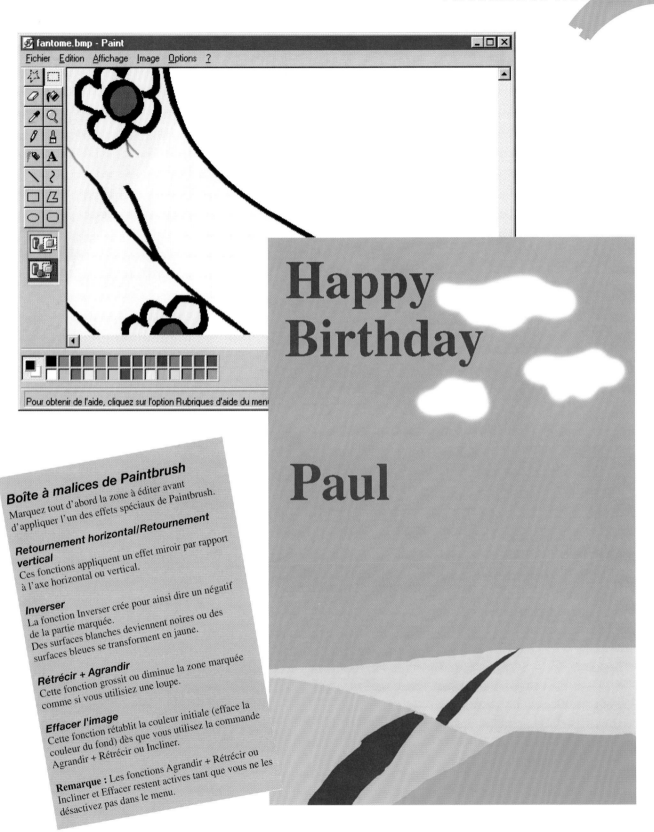

Boîte à malices de Paintbrush

Marquez tout d'abord la zone à éditer avant d'appliquer l'un des effets spéciaux de Paintbrush.

Retournement horizontal/Retournement vertical

Ces fonctions appliquent un effet miroir par rapport à l'axe horizontal ou vertical.

Inverser

La fonction Inverser crée pour ainsi dire un négatif de la partie marquée.
Des surfaces blanches deviennent noires ou des surfaces bleues se transforment en jaune.

Rétrécir + Agrandir

Cette fonction grossit ou diminue la zone marquée comme si vous utilisiez une loupe.

Effacer l'image

Cette fonction rétablit la couleur initiale (efface la couleur du fond) dès que vous utilisez la commande Agrandir + Rétrécir ou Incliner.

Remarque : Les fonctions Agrandir + Rétrécir ou Incliner et Effacer restent actives tant que vous ne les désactivez pas dans le menu.

TrueType : multiplicité de polices sous Windows

Autrefois une police dépendait entièrement de l'imprimante utilisée, elle était d'ailleurs fournie de base dans la ROM de l'imprimante. Depuis Windows 3.1, les logiciels ont eux aussi leur mot à dire à propos des polices et en particulier grâce aux polices TrueType. Les polices TrueType reproduisent en excellente qualité, sur l'écran et sur la feuille imprimée, les lettres, les caractères spéciaux et les nombres. Elles permettent de faire varier la taille des caractères sans en altérer la qualité. Leur grand avantage est de pouvoir opérer avec n'importe quelle imprimante reliée au PC mais d'être disponibles dans toutes les applications Windows - dans un traitement de texte comme dans un logiciel graphique ou un programme de PAO -. Si à l'origine on devait remuer ciel et terre pour trouver des polices TrueType (logiciels de fontes de marques différentes, logiciels shareware dotés de polices TrueType), aujourd'hui on est littéralement bombardé par la diversité des polices TrueType. Toute nouvelle application, spécialement du domaine PAO ou graphique, est fournie avec quelques centaines de polices de types différents.

Quelques polices TrueType classiques

ARIAL
ARIAL est une police sans empattement
de la famille Helvetica.

TIMES NEW ROMAN
TIMES NEW ROMAN est un modèle classique
de police avec empattement

COURIER NEW
COURIER NEW ressemble aux
polices reproduites
autrefois par défaut par
de nombreuses imprimantes.

WINGDINGS
WINGDINGS n'est pas une police particulière en soi
mais c'est une collection de caractères
spéciaux utilisables dans des
buts différents.

Taille de la police

Bien que de nombreuses applications telles que Word pour Windows n'affichent que certaines tailles de polices TrueType, il n'empêche qu'on peut choisir d'autres tailles qui ne sont pas mentionnées.
A l'endroit réservé à la spécification de la taille, entrez la valeur qui vous intéresse et confirmez par Entrée. Notez que la valeur minimale est fixée très souvent à 4 et la valeur maximale à 127.

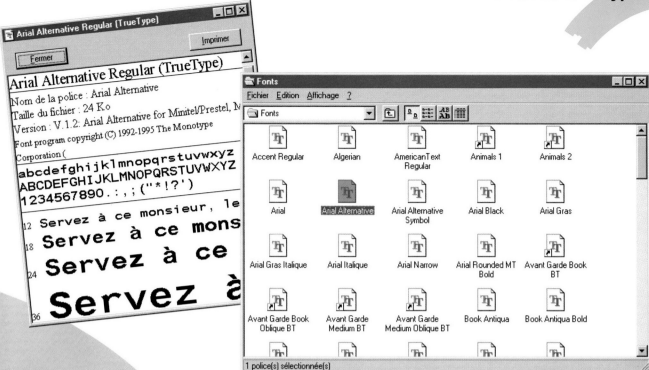

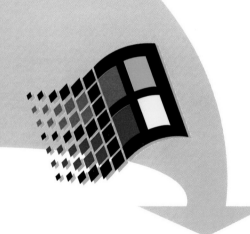

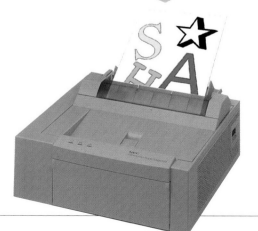

Le gestionnaire des polices

Les polices peuvent être installées/désinstallées et gérées sous Windows 95. Le gestionnaire des polices rend disponibles les polices à tout moment. Vous pouvez afficher des polices, imprimer des échantillons, trier les polices par catégorie, ajouter ou supprimer des polices, consulter les informations système d'une police.

Afficher des polices TrueType uniquement

Si vous ne voulez utiliser que des polices TrueType dans vos applications pour quelque raison que ce soit (parce que vous ignorez les polices de l'imprimante), il n'y a aucune contre-indication à ce que vous affichiez uniquement ces polices. Dans le Panneau de configuration, double-cliquez sur Polices puis sur TrueType. Dans la fenêtre qui s'ouvre, activez l'option qui limite l'affichage aux polices TrueType. Confirmez par OK et Fermer pour que toutes les polices restantes soient éliminées de l'affichage. Ces dernières sont simplement désactivées, elles ne sont pas effacées du disque.

101

Multitâche sur PC :
Windows 95 est un système multitâche

Pendant que vous êtes en train d'écrire une lettre avec un traitement de texte, vous aimeriez bien imprimer en même temps un dessin créé antérieurement. Il serait encore plus commode si vous pouviez en parallèle formater une disquette sur laquelle serait enregistrée justement la lettre en cours. Ces voeux peuvent être exhaucés grâce au procédé multitâche. C'est une capacité dont dispose le PC pour exécuter simultanément plusieurs opérations. Bien souvent, vous vous trouvez confronté à des situations où des travaux interminables finissent par bloquer le PC. La technique multitâche aide à gagner du temps. Et pourquoi n'entameriez-vous pas un jeu informatique pendant que l'ordinateur est occupé à formater laborieusement une disquette ?

Partage de temps processeur

Le PC applique ce qu'on appelle le mécanisme du partage de temps pour pouvoir exécuter plusieurs applications en parallèle. Le temps pendant lequel fonctionnent les diverses applications - un traitement de texte et un programme de dessin par exemple - est divisé pour la bonne raison que le PC n'est doté que d'un seul processeur chargé de coordonner tous les processus. C'est comme si le PC était équipé de plusieurs processeurs (imaginaires) qui s'accaparaient un peu du temps de calcul global. Vous pouvez partager ce temps à votre guise. Un traitement de texte peut accomplir ses opérations tant que le temps qui lui est imparti est valide. Vient ensuite le tour de l'application suivante - un gestionnaire d'adresses par exemple - et ainsi de suite. A vrai dire, les applications s'exécutent les unes après les autres et non en parallèle sans que l'utilisateur ne s'en rende compte. Windows 95 améliore ce procédé de telle sorte que le partage du temps ne soit pas évalué par les programmes mais directement par le système d'exploitation.

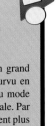

Le multitâche requiert beaucoup de mémoire

Le procédé multitâche comporte des limitations dues à son grand besoin en mémoire. Il faut utiliser un PC suffisamment pourvu en mémoire si vous êtes de ceux qui font un usage excessif du mode multitâche. 8 Mo de mémoire représentent ici la limite minimale. Par ailleurs, vérifiez bien que le traitement multitâche est réellement plus efficace que le déroulement classique à la queue leu leu.

Quel est l'intérêt de travailler en multitâche ?

Malgré l'image merveilleuse de la fonctionnalité multitâche dans la vie quotidienne, il n'empêche que des zones d'ombre noircissent le tableau. L'inconvénient majeur réside dans le besoin important en mémoire. Vous risquez rapidement de bloquer une des applications si vous vous mettez à formater une disquette pendant que vous dessinez une carte d'anniversaire assez complexe. Il ne convient d'opter pour le formatage en tâche de fond que si l'application de premier plan requiert peu de mémoire, par exemple un petit éditeur de texte. En définissant adéquatement les priorités, vous pouvez commander la recherche d'un nom donné dans un gestionnaire d'adresses tout en écrivant une lettre au premier plan. L'affaire se complique également lorsque vous tentez de charger des fichiers à partir d'une messagerie. Le plus grand problème survient quand vous icônisez simultanément plusieurs programmes sur le bureau afin de pouvoir y accéder à tout moment. Ce n'est pas à un traitement multitâche que vous pouvez prétendre en agissant ainsi. Tout ce que vous offre le système c'est la mise à disposition en parallèle de plusieurs programmes.

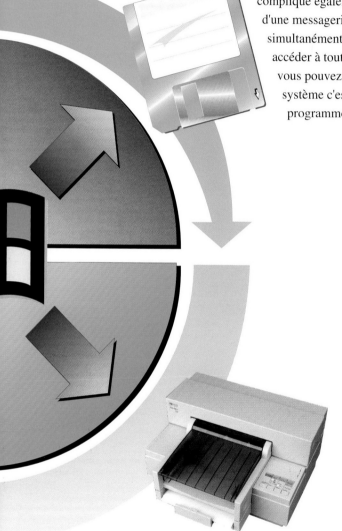

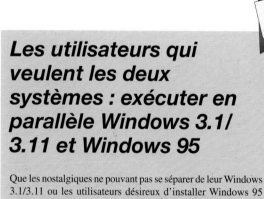

Les utilisateurs qui veulent les deux systèmes : exécuter en parallèle Windows 3.1/ 3.11 et Windows 95

Que les nostalgiques ne pouvant pas se séparer de leur Windows 3.1/3.11 ou les utilisateurs désireux d'installer Windows 95 sur leur PC (mais en préservant l'ancien Windows par mesure de sécurité) sachent qu'ils peuvent exploiter les deux systèmes en parallèle - à condition que Windows 95 ne soit pas encore disponible sur le PC. Il faut faire attention à installer Windows 95 dans un répertoire différent de l'ancien Windows pour éviter le remplacement ou la perte des anciens fichiers système et programmes. En fin d'installation, Windows 3.1/3.11 peut être activé comme à l'accoutumée depuis DOS ou en mode DOS.

Il est important de partager le temps pour que le PC puisse exécuter simultanément plusieurs opérations. Le temps de calcul disponible en tout est divisé en petits fragments qui sont répartis entre le traitement de texte, le programme de dessin, le programme PAO, etc. Le traitement de texte peut accomplir son travail tant que le laps de temps qui lui est imparti n'est pas écoulé. Puis entre en jeu l'application suivante et ainsi de suite.

Principe de l'échange de données

L'une des principales caractéristiques du traitement électronique des données réside dans le gigantesque flux d'informations. L'utilisateur qui souhaite enjoliver une lettre en y incluant un dessin provenant d'un programme graphique veut que le dessin s'introduise sans aucune difficulté dans son traitement de texte. L'échange de données doit fonctionner sans encombre bien qu'un dessin contienne des informations complètement différentes d'un texte. Windows présente l'avantage de fournir plusieurs méthodes d'échange. Windows est une plate-forme où les données circulent entre toutes les applications. On peut lui demander d'inclure dans une lettre commerciale un tableau issu d'une feuille de calcul ou un dessin personnalisé dans une carte d'invitation originale.

Insertion d'image à partir du Presse-papiers

La forme d'échange de données la plus simple fonctionne à travers ce qu'on appelle le Presse-papiers. C'est une zone de stockage où les données sont placées temporairement avant d'être transmises à d'autres applications. Concrètement, vous avez dessiné un objet avec Paint et vous voulez vous en servir pour illustrer un texte que vous allez écrire sous WordPad. Après avoir marqué le dessin dans le programme Paint, vous devez le copier dans le Presse-papiers avec la commande Copier. Démarrez ensuite WordPad et insérez le dessin dans le texte avec la fonction Coller.

Cadre d'un objet

Il n'est pas toujours nécessaire d'insérer directement un objet, tel un dessin, dans un document. Windows permet d'utiliser la méthode consistant à insérer un cadre. Au lieu d'insérer l'objet proprement dit - le dessin -, le procédé n'insère qu'un cadre de l'objet. Un double-clic sur le cadre fait apparaître l'objet tout entier.

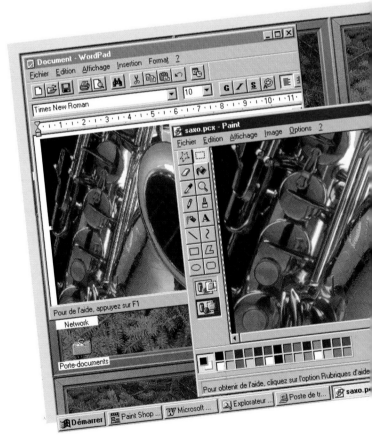

Echange de données via OLE

Le Presse-papiers représente un mode d'échange souple entre les applications, mais il comporte un inconvénient : il n'existe pas de relation durable entre les deux objets dessin et texte. Le dessin, une fois parvenu dans la lettre, perd son lien originel avec le programme de dessin. Si vous constatez par exemple que l'image comporte une erreur, vous devrez retourner vers le programme pour effectuer les corrections puis transférer une fois de plus l'image vers le texte. Avec ce qu'on appelle l'échange dynamique de données (DDE ou Dynamic Data Exchange) développé avec la technologie OLE - Object Linking and Embedding -, vous pouvez dire adieu à tous ces désagréments.

OLE permet d'incorporer le dessin dans le texte en reliant les deux objets par un lien dynamique. Avantage : l'objet incorporé dans le texte conserve son lien avec son programme natif. Pour modifier le dessin dans le texte, il suffit de double-cliquer sur ce dernier pour démarrer directement le programme graphique. Les modifications une fois terminées, le traitement de texte sera réactivé automatiquement comme par magie. L'échange dynamique de données fonctionne tout aussi souplement. Il admet l'usage du Presse-papiers. Au moment d'insérer l'image dans le texte, vous devrez utiliser la commande Collage spécial pour préserver le lien avec le programme natif.

Echange intelligent via OLE 2.0

L'amélioration constante d'OLE a donné naissance à de nouvelles techniques révolutionnaires sous le nom de OLE 2.0. Les innovations apportées par Microsoft sont relativement complexes et à multiples facettes. Avec cette nouvelle technologie, l'utilisateur peut oublier les programmes qu'il utilise pour se concentrer sur son document contenant un texte, des images, des tableaux, etc. Vous n'êtes plus obligé de revenir au programme tableur pour mettre à jour un tableau du chiffre d'affaires situé dans une lettre-type. Cliquez simplement sur le tableau et les menus du programme tableur apparaissent comme par enchantement. Les fonctions du tableur sont ainsi rendues disponibles dans le traitement de texte.

Economie de mémoire lors de l'échange de données

Si les capacités de l'échange dynamique de données sont si convaincantes, elles consomment en revanche trop de mémoire. L'activation parallèle de plusieurs programmes peut perturber très vite le PC. Pour économiser des ressources, dessinez d'abord l'image avant de l'inclure dynamiquement dans un texte. L'utilisateur qui échange fréquemment des données de façon dynamique doit être équipé d'un disque dur rapide et si possible d'une mémoire cache.

Mercedes

Chapitre 3

Le PC en œuvre !

- Traitement de texte
- Tableur
- Programme de dessin
- Logiciel intégré
- PAO
- CAO
- Communication
- Logiciel de réseau
- Jeux
- Gestion de projets
- Programme financier
- Programme d'aide
- Langage de programmation

Traitement de texte : plus qu'une machine à écrire

Au bureau ou à domicile, les texteurs (ou logiciels de traitement de texte) ont largement remplacé les bonnes vieilles machines à écrire. Les avantages d'un texteur sont évidents : un texte peut être amélioré et corrigé avant d'être imprimé sans avoir besoin de rubans correcteurs. Une fois enregistré, le texte peut être rappelé à tout moment. Les texteurs ont également beaucoup à offrir en matière de mise en page et composition de texte. On peut créer des documents attrayants en utilisant des polices et des tailles de toutes sortes, en incluant des images et des tableaux - en couleurs également -. Les texteurs fournissent de plus une riche palette de fonctions spéciales facilitant l'écriture de textes. La vérification orthographique et le dictionnaire intégré, de même que la fonction de

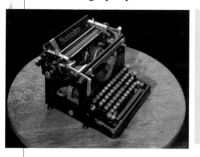

publipostage ou l'impression sur des enveloppes et étiquettes sont autant de fonctions incluses dans un texteur. Il existe de multiples texteurs sur le marché. Des programmes tels que Word pour Windows, Ami Pro ou WordPerfect font partie des texteurs les plus usités. D'autres programmes sont développés quant à eux pour la conception de documents techniques ou pour la réalisation de livres.

Pourquoi utilise-t-on un traitement de texte ?

Il est vrai qu'un texteur accomplit à première vue toutes les tâches exécutables sur les anciennes machines à écrire, à savoir écrire des lettres et documents sur PC. Mais les texteurs modernes ont aujourd'hui beaucoup d'autres fonctions performantes à offrir. Des programmes tels que Word pour Windows, Ami Pro ou WordPerfect disposent depuis longtemps d'une gamme riche et variée de fonctions complémentaires concernant surtout la composition de documents qui, autrefois, étaient l'apanage des programmes de PAO et d'illustration. Un texteur sert naturellement à écrire des lettres mais aussi à inclure des images ou les armoiries familiales dans le texte ou à créer un carton d'invitation

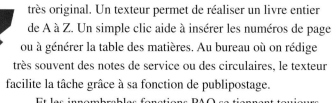

très original. Un texteur permet de réaliser un livre entier de A à Z. Un simple clic aide à insérer les numéros de page ou à générer la table des matières. Au bureau où on rédige très souvent des notes de service ou des circulaires, le texteur facilite la tâche grâce à sa fonction de publipostage.

Et les innombrables fonctions PAO se tiennent toujours à la disposition de quiconque souhaite réaliser des annonces publicitaires ou des tarifs.

Fonctions d'un traitement de texte

Les fonctions fournies par les texteurs deviennent de plus en plus abondantes. L'utilisateur dispose d'une profusion de commandes permettant d'exécuter des tâches diverses et variées afférentes au traitement d'un texte. Vous trouverez ci-après la liste des principales fonctions démontrant les capacités d'un texteur.

Les techniques de composition

L'écriture pure et simple de lettres est considérée aujourd'hui comme un travail incomplet. Il faut que la mise en page, donc l'apparence de la lettre soit élégante. C'est pourquoi, les texteurs sont pourvus de fonctions spéciales aidant à concevoir des documents attrayants. C'est ainsi qu'on peut faire varier la police et la taille des caractères, ajouter un cadre ou une ombre, aligner le texte à gauche, à droite, au centre ou le justifier, créer des colonnes, générer des caractères spéciaux etc. La créativité n'a plus de limites.

Il convient toujours de tester les diverses techniques de composition pour concevoir par exemple un en-tête de lettre très original dans une police exceptionnelle dotée d'un cadre et produisant des effets d'ombre.

Les assistants

Vous décidez de créer un calendrier illustré avec de petites images, de créer un en-tête doté d'un logo personnalisé ou de rédiger une circulaire au bureau : quelle que soit la tâche à accomplir, la majorité des texteurs sont équipés aujourd'hui de petites fenêtres d'aide. Il s'agit de ce qu'on appelle les assistants qui vous guident pas à pas par des messages pour générer rapidement ce que vous souhaitez. L'assistant peut vous demander par exemple de préciser le type du calendrier (annuel ou mensuel), d'indiquer l'emplacement de l'image (au centre, à gauche ou à droite), de choisir la taille des caractères, etc… Le document sollicité prend corps progressivement au fur et à mesure que vous cliquez sur les boutons proposés.

Graphique, texte et un peu de multimédia

L'atout majeur des texteurs réside dans le fait qu'ils ne sont pas limités à l'écriture pure et simple de textes. La différence entre texteurs et programmes PAO tend à s'amenuiser. De nombreuses fonctions qui autrefois faisaient la fierté des programmes PAO sont aujourd'hui disponibles dans les texteurs ordinaires. On peut insérer une image (dessin, photo ou graphique financier) dans le texte pour réaliser des documents convaincants. La plupart des texteurs sont équipés de fonctions graphiques opérant exactement comme dans des programmes de dessin. Les documents multimédia font aussi leurs apparitions. Ici les textes peuvent être illustrés par des images mais aussi des sons et des séquences vidéo pour générer par exemple des lettres vocales. L'inconvénient est que ce type de document devient volumineux et peut difficilement être transmis sur disquettes à des collègues.

WYSIWYG ?

WYSIWYG, terme assez fantastique, est construit à partir des initiales de l'expression „What you see is what you get". Autrement dit, ce que vous voyez à l'écran correspond exactement à ce que vous obtiendrez sur le papier imprimé. Ce que vous écrivez et mettez en forme sur le moniteur produit le même résultat sur le papier c'est-à-dire que la police, la taille, l'alignement, les attributs de mise en forme, etc. sont conservés. Autrefois produit de luxe plutôt onéreux - surtout pour les applications DOS -, WYSIWYG est aujourd'hui un procédé reconnu par tous les texteurs courants ainsi que les programmes graphiques et PAO à l'ère Windows.

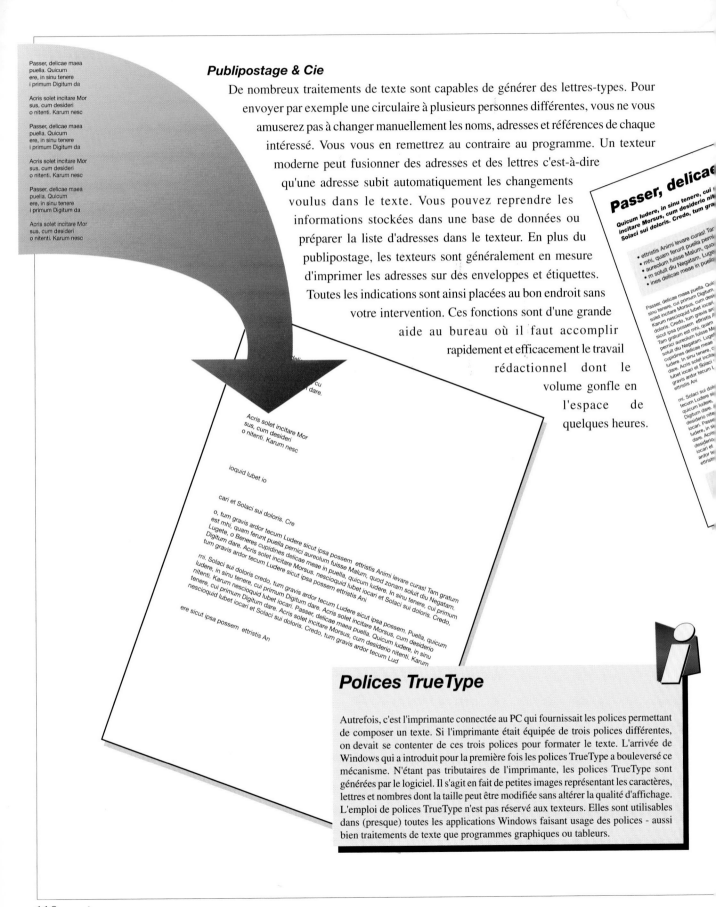

Publipostage & Cie

De nombreux traitements de texte sont capables de générer des lettres-types. Pour envoyer par exemple une circulaire à plusieurs personnes différentes, vous ne vous amuserez pas à changer manuellement les noms, adresses et références de chaque intéressé. Vous vous en remettrez au contraire au programme. Un texteur moderne peut fusionner des adresses et des lettres c'est-à-dire qu'une adresse subit automatiquement les changements voulus dans le texte. Vous pouvez reprendre les informations stockées dans une base de données ou préparer la liste d'adresses dans le texteur. En plus du publipostage, les texteurs sont généralement en mesure d'imprimer les adresses sur des enveloppes et étiquettes. Toutes les indications sont ainsi placées au bon endroit sans votre intervention. Ces fonctions sont d'une grande aide au bureau où il faut accomplir rapidement et efficacement le travail rédactionnel dont le volume gonfle en l'espace de quelques heures.

Polices TrueType

Autrefois, c'est l'imprimante connectée au PC qui fournissait les polices permettant de composer un texte. Si l'imprimante était équipée de trois polices différentes, on devait se contenter de ces trois polices pour formater le texte. L'arrivée de Windows qui a introduit pour la première fois les polices TrueType a bouleversé ce mécanisme. N'étant pas tributaires de l'imprimante, les polices TrueType sont générées par le logiciel. Il s'agit en fait de petites images représentant les caractères, lettres et nombres dont la taille peut être modifiée sans altérer la qualité d'affichage. L'emploi de polices TrueType n'est pas réservé aux texteurs. Elles sont utilisables dans (presque) toutes les applications Windows faisant usage des polices - aussi bien traitements de texte que programmes graphiques ou tableurs.

110

Fonctions spéciales et fonctions complémentaires

La grande palette des fonctions spéciales et complémentaires fournies par les texteurs sont particulièrement utiles dans tous les domaines. Citons par exemple le vérificateur orthographique qui examine automatiquement le texte et corrige les erreurs si on le lui demande, ou le dictionnaire qui tient toujours un synonyme à votre disposition, ou la fonction permettant d'insérer des numéros de page, des puces de numérotation ou des tableaux entiers. De même, l'emploi des insertions automatiques (comme la fameuse formule "Veuillez agréer nos salutations distinguées") qui incluent par simple clic des expressions qui se répètent dans le texte ou le contrôle des notes de bas de page et de fin facilitent grandement l'écriture de textes. Des progrès ont eu lieu en matière d'échange de données également puisque les texteurs sont dotés de fonctions de télécopie. Après avoir créé un document avec le texteur, vous pouvez le transmettre directement depuis cette application *via* le fax modem. Beaucoup de ces fonctions complémentaires sont intégrées de base dans la plupart des texteurs modernes.

Modèles de document

Imaginez par exemple que vous vous êtes engagé dans une association sportive où vous devez vous occuper d'envoyer par écrit une lettre d'invitation à tous les membres du club pour participer à la réunion mensuelle. Vous mettez naturellement à contribution votre texteur et préparez une lettre en indiquant les noms, adresse, jour de la réunion, etc. Il serait pratique d'enregistrer ce document comme un modèle que vous pourriez ouvrir à tout moment par simple clic. Les texteurs modernes permettent de concevoir rapidement des modèles de document. Pour convier les membres à une prochaine réunion, il vous suffit de rouvrir le modèle de document et voilà la lettre-type à portée de la main.

Choix d'un traitement de texte

Parmi la multitude des texteurs inondant le marché, il est difficile de choisir le bon logiciel. Un programme simple du domaine shareware pourrait-il faire l'affaire ou faut-il opter pour un logiciel de marque plus onéreux ? Aidez-vous du tableau suivant pour avoir une idée des aspects à prendre en compte lors de l'achat d'un texteur, pour pouvoir faire la part des choses entre les fonctions complémentaires et les champs d'application.

	Fonction de publipostage	Correction automatique	Fonctions diverses de mise en forme	Fonctions tableau	Dictionnaires intégrés	En-tête, bas de page, table des matières	Collection de polices
Utilisation à domicile (petits travaux d'écriture)	-	+	+/-	+/-	+/-	-	-
Utilisation au bureau (correspondance quotidienne, circulaires, factures)	+	+	+	+/-	+	-	-
Documents complexes (sujets d'examen, livres, articles de journal)	-	+	+	+	+	+	+
Composition (tarifs, brochures, publicité, cartes de menu)	-	+	+	+	+/-	-	+

+ = conseillé   **+/-** = utile mais non indispensable   **-** = utilisé rarement ou jamais

Tableur : l'art du calcul

Pas de doute sur le fait que les programmes tableur font partie des applications PC les plus populaires. Ce sont des logiciels extrêmement souples dont le succès est lié étroitement à la croisade menée par les PC depuis les années 80. Les feuilles de calcul utilisées par ces programmes sont conçues à l'image des énormes livres de comptable où sont consignées les recettes et les dépenses. Les gros calculs portent également sur les simulations, les prévisions et les opérations complexes. Sur PC, les tableurs couvrent tous les aspects du calcul. Ils conviennent partout où il faut jongler et évaluer de grandes quantités de valeurs numériques.

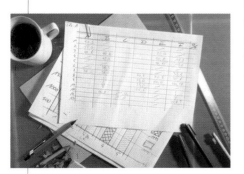

L'outil idéal pour tenir le budget familial

Ces programmes ne sont pas destinés à l'usage domestique ? Que dire des particuliers qui calculent les dépenses quotidiennes, évaluent les risques ou le chiffre d'affaires ? Les développeurs de logiciels tableurs accordent une grande importance à l'usage privé, fortement répandu, de ces programmes. Ce sont des outils puissants, très souples et faciles à manier pour calculer les recettes et les dépenses mensuelles de la vie de tous les jours. Ils gèrent certes des valeurs numériques, mais aussi des données ordinaires comme une collection de CD ou une liste d'adresses.

La feuille de calcul électronique

Pour calculer vos recettes et dépenses mensuelles, vous utilisez en général un crayon bien taillé, une règle et une grande feuille quadrillée. Vous dessinez un tableau avec des colonnes où vous inscrivez les dépenses occasionnées par le loyer, la voiture, les courses, les charges, etc. Vous calculez les dépenses en fin de mois et ce, pour tous les mois de l'année. Le principe d'une feuille de calcul reste absolument identique à ce schéma, sauf que le calcul se fait par voie électronique. Vous disposez au départ d'une feuille vierge composée de lignes et de colonnes. Cette feuille est divisée en cellules identifiées par une adresse. L'adresse indique le numéro de ligne et de colonne, par exemple D5. C'est dans cette feuille que vous entrez les nombres ainsi que les titres. Les techniques de mise en forme (gras, italique, couleurs, etc.) sont utilisables pour mettre en évidence certaines valeurs.

Ligne

Cellule

Colonne

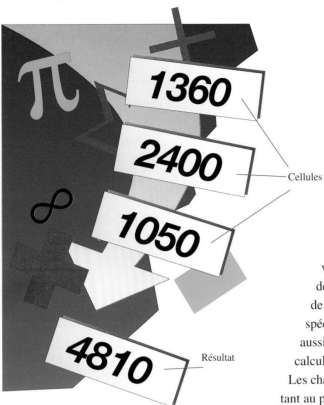

Les cellules peuvent être reliées entre elles par toutes les opérations mathématiques telles que addition, soustraction, multiplication, division, ...

Compter et calculer en toute aisance

Vous additionnez les divers postes notifiés sur la feuille pour obtenir le total des dépenses mensuelles. Dans la feuille de calcul, définissez un champ pour afficher le résultat mensuel. A ce champ affectez une formule de somme construite à partir des divers postes. Deux clics de la souris permettent généralement de construire la formule de somme. Pour calculer le total des dépenses de voiture, loyer, loisirs, etc., le programme additionne les cellules et non pas directement les nombres.

L'avantage de ce mécanisme coule de source : vous obtenez immédiatement le nouveau résultat dès qu'une valeur subit un changement par exemple si vous avez dépensé plus que prévu en cinéma. Les lignes d'une feuille de calcul peuvent être fusionnées à l'aide de formules spécifiques. Vous pouvez calculer des moyennes - en pourcent aussi -, comparer les dépenses des 5 dernières années, faire des calculs prévisionnels ou évaluer des données statistiques.

Les champs d'application ouverts par un programme tableur tant au point de vue professionnel que personnel sont absolument gigantesques. Ils vont largement au-delà des capacités offertes par une calculatrice ou le boulier d'autrefois.

Utilisation d'un tableur comme une base de données

Les puissantes capacités de calcul d'un tableur tel que Microsoft Excel intègrent tous les avantages d'un programme de base de données. Rien ne vous empêche de gérer vos CD, adresses, collections de cassettes vidéo ou livres littéraires. Vous pouvez trier, rechercher, imprimer les données. Un programme tableur rend parfois superflu le recours à une base de données.

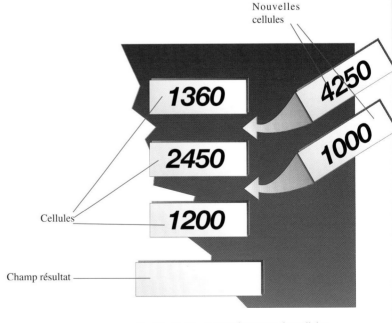

Il est facile d'insérer et d'associer des cellules

Une image en dit plus que 1 000 nombres

L'un des atouts majeurs de la forte expansion des tableurs réside dans leurs talents graphiques. Ils peuvent reproduire en tableaux d'énormes quantités de valeurs numériques et souligner en un éclair leur interdépendance et convertir les nombres en graphiques.

Les tableurs modernes sont équipés d'innombrables fonctions destinées à la présentation graphique de nombres.
Des types de graphiques en tous genres mettent en évidence en quelques instants l'état du porte-monnaie en fin de mois en précisant les postes où l'argent s'est envolé. Excel, l'un des programmes à grand succès, permet de générer des présentations complètes illustrées d'images, de graphiques explicites, de vidéos, de musique et de sons.
Les effets produits par des informations optiques sont plus motivants, plus compréhensibles et restent plus longtemps en mémoire qu'une série de nombres.

Un graphique pour chaque situation

Contrairement aux nombres peu parlants, les graphiques mettent en évidence les rapports entre les données et montrent les tendances qui autrefois devaient être énoncées par écrit. Pour produire le meilleur résultat possible, réfléchissez quelques instants sur le but que vous voulez atteindre. Malgré la diversité des types de graphiques disponibles, on peut se référer à quelques modèles fondamentaux :

1. Les histogrammes conviennent pour comparer des valeurs distinctes comme par exemple le chiffre d'affaires sur plusieurs années. Les fonctions graphiques d'Excel peuvent montrer les grandes lignes des tendances à longue durée.

2. Les graphiques à barres sont en fait des histogrammes pivotés à 90°. Ils ont l'avantage de reproduire des séries.

3. Très à la mode, les graphiques 2D et 3D (histogrammes et graphiques à barres), mettent en rapport plusieurs séries de données comme par exemple le chiffre d'affaires réalisé par les filiales d'une chaîne de vente par correspondance sur une période donnée et sur des produits variés.

4. Un graphique à secteurs reflète parfaitement la part des dépenses effectuées pour la voiture sur le volume global des dépenses du ménage.

5. Pour démontrer des tendances à long terme, comme l'évolution des actions, les graphiques en courbes et en aires sont les mieux adaptés à cette situation.

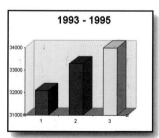

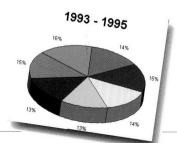

Principaux atouts d'un tableur

1. Effectuer des additions sur une feuille de papier ordinaire s'avère à la longue une solution inefficace quand on sait que le tableau devient illisible au plus tard après la deuxième correction. Sur une feuille de calcul où les additions portent sur des cellules, une modification quelconque provoque la mise à jour immédiate de toutes les valeurs.

2. Les techniques de mise en forme sont illimitées sur une feuille de calcul puisqu'on peut formater à volonté et à tout moment les tableaux.

3. Il n'y a aucune comparaison à faire du point de vue de la vitesse de calcul d'une feuille électronique avec un calcul mental - surtout si on a affaire à des quantités gigantesques de données -.

4. Toutes les formules de comparaison de données sont disponibles dans un tableur. Tout est possible, qu'il s'agisse de calculer le coût du crédit ou la TVA, une moyenne ou d'effectuer des comparaisons logiques.

5. On peut évaluer et comparer, rapidement et facilement, de grandes quantités de données sur de longues périodes en mettant en rapport plusieurs tableaux.

6. L'un des avantages essentiels des tableurs réside dans leurs capacités puissantes à reproduire les données en graphiques. Des nombres purs et simples peuvent être transformés en graphiques de présentation enrichis d'image et de son.

Choix d'un tableur

L'offre des tableurs est très vaste. La première place est occupée par Excel qui répond à tous les besoins en matière de fonctionnalité et de convivialité. Lotus 1-2-3 et Quatro Pro possèdent autant de fonctions comparables. Avant de vous décider à l'achat d'un nouveau tableur, demandez-vous si une solution plus modeste ne peut pas vous convenir. Les texteurs prisés par les utilisateurs, notamment Word pour Windows, WordPerfect ou Ami Pro, intègrent des outils de calcul qui suffisent amplement à effectuer des opérations. Parfois même, les modules de calcul des logiciels intégrés s'avèrent être performants comme par exemple Works pour Windows. N'investissez votre argent dans l'achat d'un programme tableur puissant que si vos besoins en calcul sont très élevés.

Règles de base à prendre en compte avant la création d'un tableau

1. Réfléchissez sérieusement sur la structure du tableau avant d'en construire un sur le PC - dessinez-le par exemple sur papier -.

2. Un tableau se compose de trois éléments essentiels : le titre, la zone des valeurs et les formules et règles de calcul.

3. Les tableaux ont l'avantage de présenter clairement les rapports entre les nombres, comme par exemple les dépenses mensuelles du ménage. Evitez les données superflues qui gênent la lisibilité. Parfois, il vaut mieux répartir les valeurs à calculer sur plusieurs tableaux.

4. Les valeurs et les nombres de même nature doivent être réunis. Il faut donc affecter les mêmes attributs de mise en forme aux valeurs de même type et à leurs intitulés.

5. Lorsque vous distribuez (divisez) des nombres, excluez du calcul les divisions par zéro interdites en calcul mathématique.

6. En reportant des résultats intermédiaires dans d'autres formules ou tableaux, vérifiez qu'ils s'insèrent parfaitement.

Le PC idéal pour un programme tableur

Les tableaux complexes sont friands de calcul, surtout si ces tableaux sont destinés à être convertis en graphiques. Ces tâches intensives en calcul sollicitent non seulement une mémoire suffisamment grande - au moins 8 Mo - mais nécessitent un processeur avec co-processeur intégré, comme celui d'un 486 ou d'un Pentium. Un processeur doté d'un co-processeur est plus apte à traiter des grands calculs. Hormis le PC proprement dit, un programme tableur impose la présence d'une imprimante comme condition sine qua non pour exploiter intelligemment les feuilles. Vous pouvez consulter vos tableaux noir sur blanc ou en couleurs une fois imprimés.

Base de données

Vous savez déjà ce que contient un répertoire, un carnet d'adresses ou un annuaire téléphonique. En réalité, une collection de données de ce genre représente d'ores et déjà une base de données.

Un système de gestion de base de données (SGBD) s'occupe de stocker, d'organiser et de contrôler des informations diverses et variées sur un support de stockage tel que le disque dur.

Comment est construite une base de données ? Le principal élément d'une base est la table. Cette table est comparable à une pile de fiches ou des formulaires construits selon le même modèle avec des champs prédéfinis tels que nom, rue, ville. Elle renferme à son tour des enregistrements. Chaque enregistrement correspond à un nom spécifique muni d'une adresse, en fin de compte la fiche et son intitulé. Les enregistrements sont classés méthodiquement sur les numéros de clients ou alphabétiquement sur les noms. Une table peut contenir un nombre illimité d'enregistrements dépendant de la quantité d'informations à gérer. Une base de données peut se composer de plusieurs tables.

Avantages d'une base de données

L'atout majeur d'une base de données par rapport aux fiches cartonnées repose sur le fait qu'il est nettement plus facile et plus rapide d'accéder aux données surtout si elles sont très nombreuses.

Le programme se charge de parcourir et de localiser la fiche qui vous intéresse et ce en l'espace de quelques secondes.

L'édition des données existantes devient à son tour un jeu d'enfant. Vous remplacez des données obsolètes sans avoir à redéfinir une nouvelle fiche.

A quoi sert une base de données ?

Vous possédez une riche collection de CD ou de cassettes vidéo ? Ou bien, vous devez contrôler une multitude d'adresses client et consigner les chiffres d'affaires ainsi que les commandes ? Une base de données s'avère utile partout où on doit manipuler d'énormes quantités de données auxquelles on accède très fréquemment pour les éditer aussi rapidement que possible. On rencontre souvent des bases de données dans les bibliothèques pour gérer le stock de

livres, dans les administrations pour recenser la population ou dans les banques pour gérer les comptes clients. Pour gérer vos propres informations, vous pouvez définir une base en personnalisant les masques de saisie avec les champs qui vous intéressent. Rangez vos CD d'après l'interprète, le nom du CD et les morceaux de musique. Pour rechercher ensuite un morceau musical, entrez ces indications pour obtenir l'enregistrement complet. Certaines bases peuvent contenir des documents multimédia.

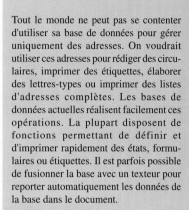

Autres fonctions d'une base

Tout le monde ne peut pas se contenter d'utiliser sa base de données pour gérer uniquement des adresses. On voudrait utiliser ces adresses pour rédiger des circulaires, imprimer des étiquettes, élaborer des lettres-types ou imprimer des listes d'adresses complètes. Les bases de données actuelles réalisent facilement ces opérations. La plupart disposent de fonctions permettant de définir et d'imprimer rapidement des états, formulaires ou étiquettes. Il est parfois possible de fusionner la base avec un texteur pour reporter automatiquement les données de la base dans le document.

Un SGBD pour une situation spécifique

Chacun exprime des voeux différents qu'il voudrait exhaucer avec une base de données. Certains aspirent à une meilleure convivialité, d'autres attachent de l'importance à exploiter les techniques de programmation dans un programme de base de données. Le tableau suivant dresse la liste des capacités intégrées dans les programmes les plus courants.

	Bonne convivialité	Programmation	Publipostage	Etats, formulaires et étiquettes	Son et image
Access	±	+	•	+	+
Filemaker Pro	+	±	•	+	+
Paradox	±	+	•	+	+

+ = Inclus   ± = Inclus mais sous certaines restrictions   • = Inexistant

A propos des couleurs, pinceaux et symboles

Si le travail en mode texte occupait autrefois le premier plan, l'ordinateur finit par découvrir au fur et à mesure ses capacités graphiques. Cette évolution doit son succès au matériel de plus en plus performant, en particulier aux techniques d'affichage en couleurs qui ne cessent de s'améliorer, aux processeurs plus rapides et aux imprimantes couleurs. Les programmes reproduisant des dessins en qualité professionnelle sont légion. Ces programmes transforment pour ainsi dire le PC en une boîte de peinture ou une planche à dessin. Les programmes graphiques simulent les actions d'un peintre ou d'un dessinateur. C'est pourquoi ils sont dotés des mêmes ustensiles qu'on rencontre sur la table d'un artiste peintre/ dessinateur, notamment des crayons, des pinceaux, des ciseaux, des gommes, des pistolets à peinture, des règles, et une riche palette de couleurs entre autres. La souris prolonge la main de l'utilisateur pour manier ces objets. Il doit se procurer en général un logiciel graphique spécial. Un programme graphique très simple est souvent intégré dans de nombreuses applications. Windows fournit par exemple de base le programme Paint de même que Word pour Windows qui intègre Draw. Ces programmes suffisent amplement pour l'usage à domicile.

Principaux outils inclus dans un programme de dessin

Crayon : sert à dessiner.

Pinceau : sert à peindre.

Vaporisateur : répand des couleurs pour créer un effet de poudre.

Seau à peinture : remplit une surface entière avec la couleur choisie.

Ciseaux : sert à couper des zones du dessin.

Gomme : permet de gommer des zones du dessin.

Règle : sert à tracer des segments.

Cercle : dessine un cercle ou une ellipse.

Rectangle : dessine un rectangle ou un carré.

A quoi sert un programme de dessin ?

Vous aimeriez créer un carton d'invitation en y incluant des images comiques ou préparer un en-tête personnalisé en insérant vos armoiries familiales ? C'est là qu'entrent en jeu les programmes de dessin car ces images humoristiques et ces armoiries, il faut bien commencer par les dessiner. Les nombreux programmes de dessin se différencient par leurs fonctionnalités et leurs champs d'application. Des programmes tels que Paint sont de purs programmes de dessin dont les fonctions, assez simples, permettent de créer des dessins tels que les petites

images de BD ou les armoiries familiales. Quant aux logiciels plus puissants (donc plus onéreux) tels que Corel DRAW, Illustrator ou Designer, ils ont déjà un caractère plus professionnel et ne peuvent plus se contenter de l'appellation "simples programmes de dessin". Ils sont voués davantage à des tâches d'illustration et de composition, notamment la conception de slogans publicitaires, de dessins complexes, de brochures, etc. Les programmes graphiques existent aussi dans un autre domaine réservé à la présentation. Ils reproduisent graphiquement des données existantes telles que le chiffre d'affaires de l'année passée. Tout le monde a sans doute déjà vu un graphique de présentation montrant par exemple le pourcentage de participation des groupes à la vie associative sous forme de graphiques à secteurs ou à barres. L'inconvénient de ces programmes est qu'ils ne sont pas adaptés aux activités de dessin et de peinture.

Les bibliothèques de cliparts

Tout le monde n'a pas les talents de Léonard de Vinci. Mais est-on réduit pour autant à concevoir des documents rébarbatifs sans dessins ni images ? Ce n'est pas une raison pour s'en priver car le marché regorge de ce qu'on appelle des bibliothèques de cliparts. Vendues à des prix abordables, ces bibliothèques sont des collections d'images en couleurs faciles à utiliser. Le format graphique des cliparts étant reconnu en général par tous les programmes, il ne vous reste plus qu'à remanier les images à votre façon avec votre programme de dessin.

Programme de dessin bitmap ou vectoriel

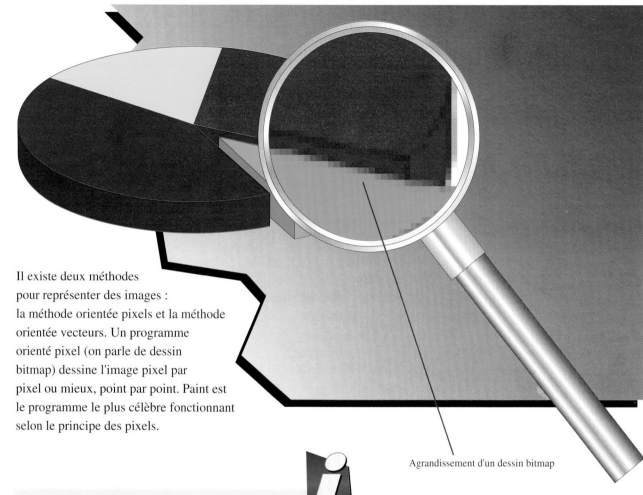

Il existe deux méthodes
pour représenter des images :
la méthode orientée pixels et la méthode
orientée vecteurs. Un programme
orienté pixel (on parle de dessin
bitmap) dessine l'image pixel par
pixel ou mieux, point par point. Paint est
le programme le plus célèbre fonctionnant
selon le principe des pixels.

Agrandissement d'un dessin bitmap

Formats graphiques

Un programme de dessin possède son propre format. Voici la liste des
principaux formats graphiques qu'on peut rencontrer :

Formats bitmap
PCX - Format Paintbrush d'origine
BMP - Format Windows actuel
TIFF - Format utilisé parfois pour le traitement de l'image

Formats vectoriels
CGM - Format reconnu par de nombreuses applications Windows
CDR - généré par CorelDRAW
WMF - Format disponible dans de nombreuses applications Windows

Autres formats
PCD - Format Kodak Photo-CD
EPS - Format construit d'après le langage de description de page Postscript

Programmes de conversion

Vous venez enfin de trouver l'image de votre choix
et vous voulez l'éditer dans votre programme de
dessin. Mais au lieu d'afficher l'image à l'écran, le
programme vous renvoie le message "Format
graphique inconnu". Pas de panique. On ne vous
demande pas de redessiner entièrement l'image car
heureusement les programmes de conversion viennent à votre secours. Ces programmes s'occupent
de changer le format d'une image, bref de convertir
l'image. La conversion peut s'effectuer d'un format
bitmap vers un autre, ou d'un format bitmap vers un
format vectoriel (il s'agit dans ce cas d'un programme
de traçage).

Un programme de dessin vectoriel considère l'image comme une collection de segments reliant les divers points. Ces segments portent le nom de vecteurs. Des programmes vectoriels tels que CorelDraw peuvent redimensionner l'image sans en altérer sa qualité. Le programme recalcule en fait les extrémités des points pour ensuite les relier. Il en va tout autrement des images bitmap. Les points, une fois grossis, tendent à rendre l'image de plus en plus floue. Le redimensionnement d'une image bitmap produit un effet d'escalier qui est absolument inélégant.

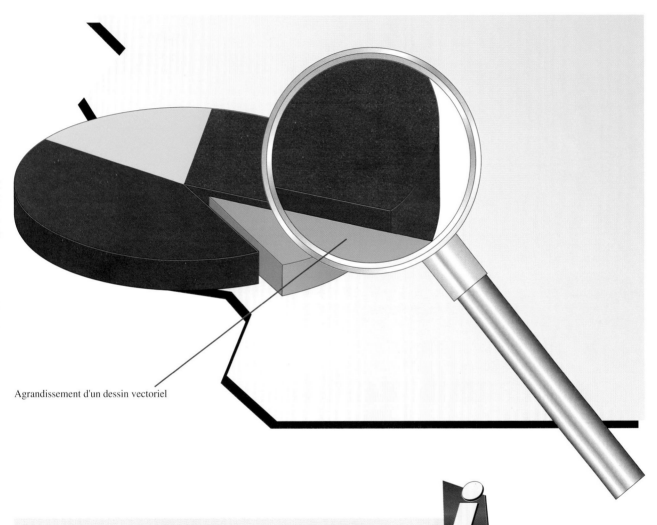

Agrandissement d'un dessin vectoriel

Avantages des images bitmap/vectorielles

Image bitmap	*Image vectorielle*
Utilisable dans la plupart des applications Windows	Consomme peu de mémoire et d'espace disque
Chaque point peut être traité distinctement	Pas de perte de qualité en cas de redimensionnement
Format d'images scannées, ex. photos	Peut afficher des trames en couleurs
Effets poudre avec le vaporisateur	Convient pour des dessins de haute qualité

Logiciel intégré : tout en un

L'expression "logiciels intégrés" donne un avant-goût d'une nouvelle sorte de logiciels.
Les coffrets renferment plusieurs programmes fonctionnant sous une interface commune.
Tout à la fois dans un seul emballage : les logiciels intégrés sont de véritables outils à tout
faire, qu'il s'agisse d'écrire des lettres, de gérer des adresses, d'évaluer le chiffre d'affaires
annuel ou de créer une image. Ces logiciels réunissent plusieurs programmes disparates.
Works pour Windows intègre par exemple un tableur, une base de données,
un programme de dessin et un logiciel de communication. Ces modules sont configurés
pour coopérer de façon optimale. La conception part du principe que 60 % à 70 %
d'un logiciel restent normalement inutilisés. Les fonctions restantes, couramment utilisées,
sont intégrées dans un coffret commun. Ces coffrets de logiciels intégrés constituent
la solution idéale pour réaliser les tâches quotidiennes.

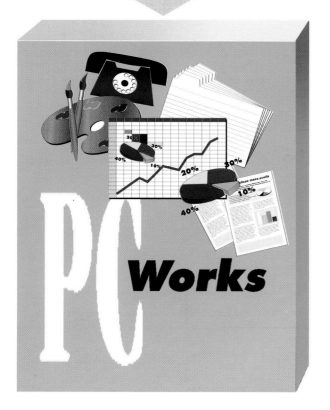

Works et OLE

Un rapport d'entreprise élaboré de façon
professionnelle illustré avec le logo de la
société, des tableaux mettant en évidence
le rapport entre les chiffres d'affaires de
plusieurs années, le tout envoyé par le biais
du publipostage ? Le programme Microsoft
Works pour Windows aide à réaliser en un
clin d'œil ce type de document. Vous avez
ici affaire à OLE, une nouvelle technologie
d'échange qui facilite grandement le côté
pratique du travail. Pour inclure et éditer
un tableau de chiffre d'affaires, vous n'avez
plus besoin de commuter sans cesse entre
le module tableur et le texteur. Grâce à la
technologie OLE (Object Linking and
Embedding), vous pouvez visualiser directement les fonctions du tableur dans le
texteur. Et comment ? Depuis le menu
Insertion, contentez-vous de reprendre un
tableau fin prêt dans la feuille de calcul pour
l'inclure dans votre document ou bien créez
de toutes pièces un tableau dans le texteur.
Les fonctions du tableur dont vous aurez
besoin pour éditer le tableau sont copiées
simultanément avec le tableau que vous
venez d'incorporer dans le texte.

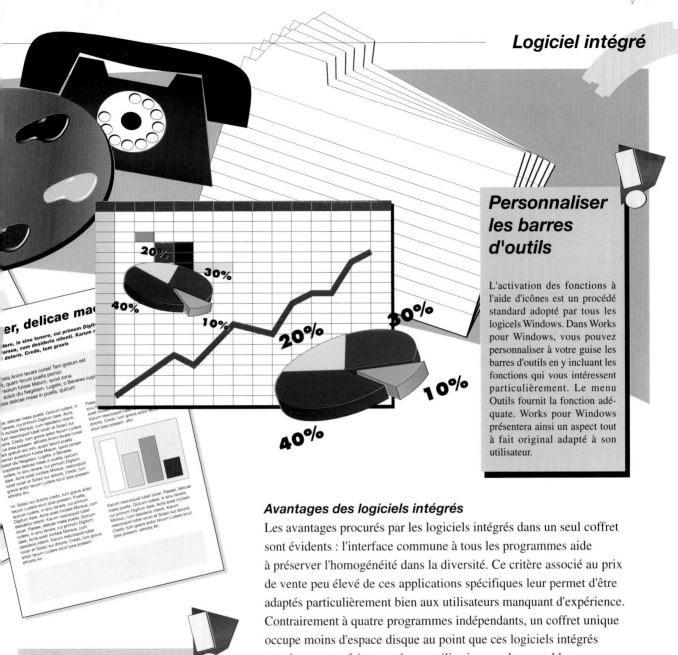

Personnaliser les barres d'outils

L'activation des fonctions à l'aide d'icônes est un procédé standard adopté par tous les logiciels Windows. Dans Works pour Windows, vous pouvez personnaliser à votre guise les barres d'outils en y incluant les fonctions qui vous intéressent particulièrement. Le menu Outils fournit la fonction adéquate. Works pour Windows présentera ainsi un aspect tout à fait original adapté à son utilisateur.

Avantages des logiciels intégrés

Les avantages procurés par les logiciels intégrés dans un seul coffret sont évidents : l'interface commune à tous les programmes aide à préserver l'homogénéité dans la diversité. Ce critère associé au prix de vente peu élevé de ces applications spécifiques leur permet d'être adaptés particulièrement bien aux utilisateurs manquant d'expérience. Contrairement à quatre programmes indépendants, un coffret unique occupe moins d'espace disque au point que ces logiciels intégrés conviennent parfaitement à une utilisation sur des portables.

N'oublions pas de citer les bonnes capacités d'interopérabilité entre ces modules. Nul besoin de convertir des données pour transférer une feuille de calcul vers un texte. Microsoft Works pour Windows supporte par exemple la technologie OLE (Object Linking and Embedding) qui permet d'échanger intelligemment les données.

Et les inconvénients ? Les logiciels intégrés s'avèrent insuffisants pour réaliser des travaux complexes et diversifiés. Dans ce cas, il est préférable de recourir à un logiciel plus spécifique, tel un tableur, qui offre des fonctions plus puissantes.

Autour du monde avec Works pour Windows

Les logiciels intégrés sont bien équipés pour prendre en charge l'échange des données. Works pour Windows met par exemple à votre disposition un module de communication pour communiquer avec un autre ordinateur ou avec une messagerie. Ouvrez la boîte de dialogue adéquate via le menu Outils pour spécifier les paramètres du modem. Les paramètres par défaut conviennent en général parfaitement pour entrer en contact avec une boîte postale via modem ou pour échanger des informations avec un ami.

Programme de PAO

Pour réaliser votre journal quotidien, votre magazine télé, les brochures publicitaires que vous recevez tous les jours dans la boîte aux lettres ou encore ce livre que vous consultez - un long chemin riche en événements se profile depuis la première idée jusqu'à la publication finale du document.

En premier lieu, on réfléchit sur les éléments entrant en ligne de compte (images et dessins, choix des couleurs, organisation du texte).

On rédige le texte à faire paraître, on choisit le bon format et ainsi de suite. Il convient ensuite de transcrire ces idées pour arriver à les publier (en général sous forme de papier imprimé). Aujourd'hui, on met à contribution l'ordinateur pour ce genre de travail également. Et les logiciels jouent un rôle important dans ce contexte. Il faut en effet mettre à profit la diversité des fonctions graphiques et les innombrables techniques d'édition de texte fournies par les texteurs.

Ce domaine de la conception graphique s'appelle PAO ou publication assistée par ordinateur.

Parmi les programmes de PAO les plus célèbres, on peut citer Pagemaker, Quark XPress et Ventura Publisher. La plupart d'entre eux proviennent d'un monde informatique complètement différent, en l'occurrence celui des ordinateurs Macintosh. Ces derniers représentaient pour ainsi dire les pionniers dans le monde PAO et ils sont d'ailleurs toujours les préférés des maquettistes professionnels.

Passer, delicae maea puella. Quicum ludere, in sinu tenere, cui primum Digitum dare. Acris solet incitare Morsus, cum desiderio nitenti. Karum nescioquid lubet iocari et Solaci sui doloris.

stis Animi levare curas! Tam gratum est mhi, quam ferunt puella pernici aureolum fuisse Malum, quod zonam soluit diu Negatam. Lugete, o Beneres cupidines delicae meae in puella, quicum ludere. In sinu tenere, cui primum Digitum dare. Acris solet incitare Morsus. nescioquid lubet iocari et Solaci sui doloris. Solaci suiPuella, quicum ludere, in sinu tenere, cui primum Digitum dare.

PASSER

PAO avec un traitement de texte

Vous n'avez pas les moyens d'acquérir un logiciel PAO et pourtant vous aimeriez illustrer de temps à autre vos documents avec des éléments graphiques... Ne baissez pas les bras. Vous avez la chance de posséder un texteur moderne tel que Word pour Windows, Ami Pro ou Word Perfect. En dehors des innombrables fonctions d'édition de texte, les texteurs regorgent parfois de fonctions permettant l'intégration et le traitement d'éléments graphiques. Ces traitements de texte s'avèrent amplement suffisants pour un usage à domicile.

Programme de PAO réservé aux pros ?

Il est vrai que l'utilisateur "normal" ne passera pas son temps à réaliser
des brochures publicitaires, des articles de journaux ou des livres
complets. Mais il ne faut pas négliger un grand nombre de domaines
où l'emploi de programmes de PAO peut soulager l'utilisateur
classique. C'est par exemple le cas des activités artistiques où il
veut tester ses dons personnels en créant des cartes de vœux et
d'invitation très originales. Vous êtes peut-être membre d'une
association où vous vous occupez du magazine mensuel ?
Vous devez dans ce contexte inclure les photos des membres
actifs ou des illustrations. Ou vous voudriez préparer
un journal d'anniversaire pour votre meilleur ami ?
Les programmes de PAO répondent à ces attentes.
N'optez pas les yeux fermés pour le logiciel le plus cher
sur le marché. Il existe de multiples programmes moins
coûteux avec lesquels la publication électronique
fonctionne parfaitement.

Le poste de travail PAO idéal

Le logiciel à lui seul ne suffit pas pour répondre à toutes les activités réalisées avec le programme de
PAO - il faut que le matériel soit adéquat. Le poste de travail PAO idéal requiert avant tout un
PC puissant. Plus il est rapide et mieux c'est. Une composition PAO pourvue d'images et de
photos est extrêmement gourmande en temps de calcul. Il faut donc disposer d'un disque dur
relativement gros ainsi que d'une mémoire vive suffisante pour enregistrer et éditer les données. Une
carte graphique rapide n'est pas à négliger. Il faut un moniteur assez grand pour pouvoir visualiser
une pleine page A4. Un scanner est nécessaire pour lire les images dans le PC. Et pour
juger du résultat final sur le papier, on ne peut se passer d'une imprimante haute résolution.

Un scanner à plat
dans un poste de travail
PAO est indispensable

Critères à prendre en compte pour un travail de PAO

Comme dans tous les domaines, la PAO impose également ses règles. Voici quelques conseils aidant à exploiter intelligemment les programmes de PAO.

S'en tenir à l'essentiel

Ne faites pas un usage excessif des images, dessins et couleurs. Une quantité trop importante d'éléments graphiques et une multitude de couleurs tendent à alourdir le document et ne permettent pas d'atteindre le but visé en détournant l'attention du lecteur.

Exclure les polices à empattements

Evitez les polices à empattements dans des textes longs, au kilomètre comme on les appelle, pour préserver la lisibilité.

Du bon dosage des polices

Utilisez au maximum deux à trois polices différentes dans un document. Une grande diversité gêne le lecteur.

Bien définir les marges

Veillez à garder suffisamment d'espace pour les marges au risque de surcharger le document.

La lecture est fatigante

Evitez les phrases longues et ne remplissez pas trop les pages car vous risquez d'effrayer le lecteur.

S'inspirer du travail des autres

Inspirez-vous des brochures, prospectus et affiches pour avoir des idées intéressantes pour votre création artistique.

Programme de traitement de l'image

La PAO est étroitement liée au traitement de l'image surtout s'il s'agit par exemple d'inclure une photo dans des brochures. Mais souvent, le format d'origine de ces images ne permet pas de les utiliser exactement comme elles se présentent. C'est ainsi que le ciel nuageux s'avère inadapté au prospectus en cours et que vous devez le remplacer par un bleu lumineux. Ou encore, parmi la photo représentant plusieurs individus, vous n'êtes intéressé que par une seule personne etc.

Les situations où l'image nécessite quelques manipulations sont légion. Si une opération de ce genre n'était autrefois réalisable que dans un laboratoire de photo, aujourd'hui le PC est capable de produire les mêmes résultats. Des programmes tels que PhotoShop ou PhotoStyler transforment le PC en un labo photo électronique doté de

Le traitement de l'image ouvre des techniques fantastiques

fonctions puissantes et d'outils générant des effets à multiples facettes. On peut redimensionner une image, améliorer la netteté, enlever certaines portions, construire une image à partir de plusieurs autres, régler la couleur, la luminosité et le contraste et beaucoup d'autres choses encore. On peut agir à tel point sur l'image qu'elle devient absolument méconnaissable.

Comment acheminer des photos vers le PC

Vous vous demandez sans doute comment les images ou les photos aboutissent dans le PC ou le disque dur. Vous disposez de plusieurs méthodes, la plus courante consiste à scanner les photos. Le scanner balaye l'image à la manière d'un photocopieur, et transmet les informations à l'ordinateur. Les professionnels utilisent des scanners haut de gamme à plat ou à tambour. Quant à l'usage domestique, un scanner à main suffit amplement. Encore au stade d'innovation, la technologie Photo CD devient de plus en plus populaire. Ici, vous pouvez tirer les photos comme d'habitude avec un appareil photo puis les faire développer sur un CD au lieu de les sortir sur papier. Ces images peuvent ensuite être relues sur PC, à condition de disposer d'un lecteur CD-ROM compatible photo CD. Il existe par ailleurs des caméras qui fonctionnent comme un appareil photo sauf que l'image est enregistrée sur une disquette.

Perdre moins de place pour le stockage des images

Les photos et images scannées occupent une énorme quantité d'espace disque surtout si on enregistre des images 4 couleurs. Pour contourner cette difficulté, les fabricants de programmes de traitement de l'image prévoient dans leurs logiciels une option permettant de compresser les images lors de la sauvegarde. Le programme compresse ou décompresse automatiquement l'image lors de l'enregistrement et lors du chargement. Ce procédé qui dure quelques instants permet d'économiser un peu d'espace disque utilisable à d'autres fins.

CAO/DAO

Les avantages du traitement électronique des données se sont manifestés dans le domaine du dessin et de la construction technique. Le PC a révolutionné le dessin technique. Sous le terme CAD (Computer Aided Design ou dessin assisté par ordinateur) sont réprésentées toutes les activités réalisées par des dessinateurs industriels, des architectes, des techniciens ou des ingénieurs. Et cela commence du simple dessin 2D jusqu'à la simulation presque réelle en 3D - comme par exemple l'aménagement intérieur d'une maison. Il faut être équipé d'un logiciel de type particulier, notamment d'un logiciel de CAO. On parle de CAM (Computer Aided Manufacturing) lorsque les dessins créés à l'écran doivent être utilisés pour piloter une machine dans un atelier ou un robot dans une usine.

La CAO à la portée de l'utilisateur à domicile

Imaginer l'appartement de son rêve ou dessiner la maison idéale sur son PC chez soi ? Programmes CAO destinés aux utilisateurs à domicile ? Pourquoi pas puisqu'il existe des logiciels CAO suffisamment efficaces et d'un prix abordable. Nul besoin de recourir à une table traçante professionnelle pour imprimer ces documents car l'imprimante à jet d'encre peut parfaitement convenir. Même les dessins débordant du format standard peuvent être imprimés sous forme de plusieurs petites feuilles distinctes à juxtaposer. Pour des dessins plus importants, il faut spécifier auparavant au programme de CAO le format du futur dessin : portrait ou paysage. Ne cherchez pas à faire un compromis avec la taille du moniteur utilisé si vous êtes de ceux qui dessinent régulièrement des objets d'architecture ou des immeubles. Votre surface de dessin ne sera suffisante que si l'écran mesure 43 cm en diagonale ! N'oubliez pas non plus que le logiciel de CAO requiert un PC hyper performant ce qui signifie une carte graphique rapide ainsi qu'un coprocesseur. Le Pentium est le processeur idéal pour des activités de CAO.

De la maison de vos rêves jusqu'à sa réalisation

Les capacités des programmes de CAO sont fascinantes. Le PC développe toutes ses forces quelque soit l'objectif que vous visez : construire la villa de vos rêves, la voiture idéale, un nouveau voilier ou une machine-outil. Vous apprécieriez certainement les avantages d'un logiciel de CAO s'il vous est arrivé un jour de dessiner l'ébauche de votre appartement avec un crayon et une règle pour changer l'emplacement du mobilier et de découvrir soudain une énorme erreur. Les dessins générés sur le PC n'aboutissent pas toujours à la corbeille mais ils peuvent être réutilisés après des corrections éventuelles. Il va sans dire que vous pouvez imprimer à volonté votre dessin.

Le poste de travail CAO idéal

Si vous envisagez de réaliser vos constructions via PC, vous devez simuler le bureau d'un constructeur ou d'un dessinateur technique. L'écran remplace la planche à dessin. Ne négligez pas les grandes exigences en matière de résolution, taille et capacité graphique. Un grand moniteur (51 cm en diagonale) est indispensable pour pouvoir traiter sur l'écran des dessins complexes tout entiers. La fonctionnalité du crayon est prise en charge par un crayon optique à l'aide d'une tablette graphique. Cette tablette numérique sert par exemple à affiner l'emplacement des dessins.

Et l'imprimante ? Sur le bureau d'un ingénieur, l'imprimante est remplacée par une table traçante. C'est une machine à dessin haut de gamme et donc tout aussi onéreuse. L'argent investi par un constructeur électronique n'a rien de comparable à l'investissement réalisé par un utilisateur PC quand on sait qu'un logiciel CAO digne de ce nom se vend à plus de 60 000 F. Mais la précision en ce domaine est tellement importante que seul un matériel de cette qualité peut apporter des résultats satisfaisants. Des logiciels CAO moins coûteux sont disponibles également pour un usage privé.

La précision est de rigueur

L'ébauche du dessin imaginé peut être générée avec un programme de CAO. Les logiciels de CAO modernes

sont capables - à condition de disposer du matériel adéquat - de produire des formes géométriques élémentaires et des actions à répétition. Des fonctions de dessin de toutes sortes aident à construire confortablement des demi-cercles, des carrés ou des cylindres, le tout par quelques clics de la souris. Les objets dessinés peuvent subir une rotation ou être tronqués. Le B A BA de l'architecture - ou mieux du dessin technique - repose sur les cotations, c'est-à-dire la mesure des arêtes ou des angles dans l'espace. Ces données sont soumises à des règles strictes dans le domaine technique. C'est pourquoi, les programmes de CAO prévoient plusieurs unités de mesure - admises de par le monde - applicables sans contrainte pour le calcul des contours ou des dessins.

La technique des plans

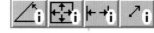

Vous devez vous familiariser avec une fonction spécifique aux programmes de CAO avant de commencer à créer votre dessin. Il s'agit de ce qu'on appelle la gestion des plans. Imaginez ces plans comme des feuilles placées les unes sur les autres. Un dessin est réparti sur plusieurs plans selon un procédé intelligent. Expliquons-nous. L'ébauche du nouvel appartement ne sera pas conçue sur un seul et unique plan de dessin. Dessinez par exemple la chambre sur le plan 1, le palier sur le plan 2, les murs attenants et les fenêtres sur le plan 3, les escaliers sur le plan 4, les trames et les couleurs sur le plan 5. Quel en est l'avantage ? En répartissant sur plusieurs plans les éléments du même dessin, vous pouvez effectuer une consultation sélective du dessin en observant par exemple l'ébauche sans les fenêtres ou seulement les murs attenants avec les couleurs et les trames. Cela permet d'observer le dessin sous des angles différents. Libre à vous de masquer et d'afficher les plans qui vous intéressent. La technique des plans est donc un mécanisme souple à utiliser dans tous les dessins même s'ils ne sont pas complexes.

Bibliothèques de symboles prêts à l'emploi

Vous découvrirez tôt ou tard les avantages procurés par les bibliothèques de symboles prédéfinis lors de la construction de votre maison ou d'un dessin électronique quelconque. Les dessins techniques renfermant toujours les mêmes symboles qui se répètent en permanence, il ne faut pas hésiter à utiliser ces bibliothèques. Des collections de ce genre sont définies suivant des thèmes variés, par exemple architecture d'intérieur, mécanique ou électrotechnique. Il suffit d'inclure les symboles tout prêts dans vos dessins sans avoir à les redessiner des centaines de fois.

La force de la CAO

La construction assistée par PC présente un grand avantage dans le domaine de la représentation dans l'espace : les objets peuvent être dessinés en 3D - montrant leurs divers aspects pour vous donner une idée concrète de la maison de votre rêve.

Un dessin 3D commence en général par un modèle en fil de fer illustrant par exemple les contours de l'objet.

Ce modèle peut être rempli avec des surfaces pour donner vie aux zones supérieures. Une source de lumière imaginaire définissable à volonté permet de donner une apparence réelle à l'objet. C'est là que s'ouvre le vaste domaine de la simulation par informatique. Les objets peuvent être testés sous tous les aspects à l'aide du PC. La conversion de dessins 2D en objets 3D puis en représentations simulant le réel nécessite un temps de calcul extrêmement long et par voie de conséquence requiert un PC très puissant. Rien d'étonnant à ce que les logiciels appropriés soient en général onéreux.

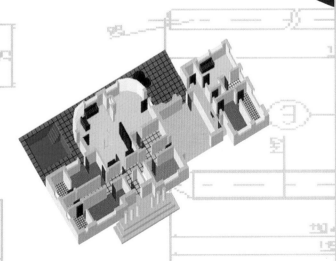

Choix d'un programme de CAO

Malgré la grande diversité des logiciels de CAO sur le marché, des produits de la société Autodesk sont parvenus néanmoins à s'imposer dans le monde professionnel. AutoCAD est un programme fort puissant qui sert de référence dans tous les domaines. Ce programme de construction peut s'adapter à toutes les tâches aussi diversifiées soient-elles jusqu'à assurer la création d'animations via ordinateur. Eu égard à sa fonctionnalité et à son prix, AutoCAD est un programme qui se prête mal à une utilisation à domicile. AutoSketch offre des solutions de CAO beaucoup plus tournées vers un usage privé. Ce programme reste malgré tout encore trop cher pour un dessinateur occasionnel.

Conseil à retenir avant l'achat : Parmi les logiciels de CAO, il en existe beaucoup qui permettent de créer des dessins complexes sur le PC personnel. Certains de ces logiciels de CAO sont aussi disponibles en shareware.

Le PC en tant que télécopieur

Il n'est plus besoin de courir à la Poste pour expédier aussi rapidement que possible une lettre d'un endroit à l'autre - quel que soit le coin perdu dans le monde -. La télécopie ou fax opère plus vite que le plus rapide des réseaux postaux. Télécopier, c'est la solution idéale pour envoyer par voie électronique des lettres et des messages - depuis le bureau ou depuis chez soi -. La télécopie est une copie à distance transmise directement et rapidement au destinataire. Un appareil de télécopie s'avère bien sûr indispensable pour "copier" la lettre à envoyer par la ligne téléphonique.

Mais pourquoi ne pas utiliser son propre PC pour télécopier de façon encore plus confortable. Vous pouvez par exemple passer une commande par correspondance ou souhaiter son anniversaire à un ami directement via PC. Un logiciel de télécopie s'occupe par exemple de gérer les principaux numéros de téléphone et vous n'avez plus qu'à cliquer deux/trois fois pour expédier la télécopie à la bonne adresse sous forme de lettre-type. Rien ne vous empêche de gérer, d'imprimer ou de répondre aux télécopies. Vous évitez ainsi de la paperasserie vu que vous n'avez pas besoin d'imprimer la lettre à envoyer.

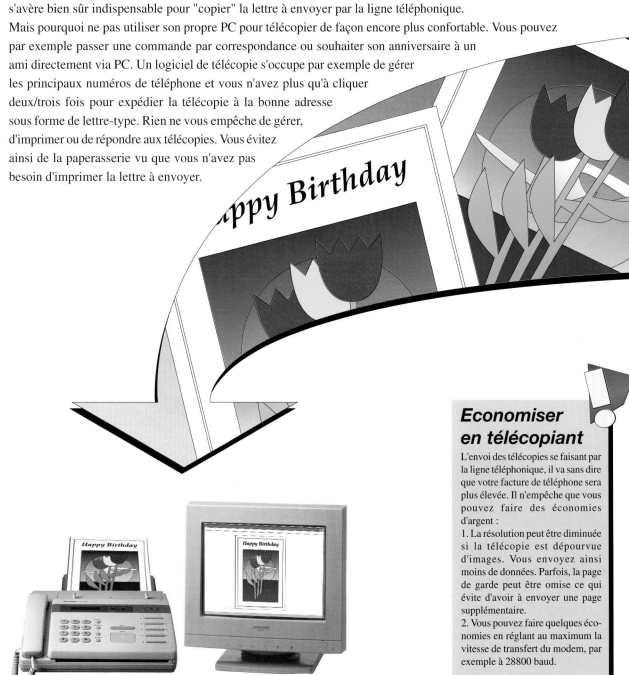

Economiser en télécopiant

L'envoi des télécopies se faisant par la ligne téléphonique, il va sans dire que votre facture de téléphone sera plus élevée. Il n'empêche que vous pouvez faire des économies d'argent :

1. La résolution peut être diminuée si la télécopie est dépourvue d'images. Vous envoyez ainsi moins de données. Parfois, la page de garde peut être omise ce qui évite d'avoir à envoyer une page supplémentaire.

2. Vous pouvez faire quelques économies en réglant au maximum la vitesse de transfert du modem, par exemple à 28800 baud.

Conditions requises pour télécopier via PC

Pour envoyer et recevoir des télécopies depuis son PC personnel, il faut disposer d'un modem bien connecté et reconnu par Windows 95 à travers lequel sont acheminées les données numérisées vers le réseau téléphonique. Lors de l'achat d'un modem, assurez-vous qu'il s'agit d'un fax modem qui peut recevoir et envoyer des messages. Des standards se sont imposés en matière de fax modems, comme par exemple la norme Classe 2.

Il faut en plus un logiciel fax spécifique coordonnant le contrôle des commandes de télécopie et convertissant les textes et images à envoyer en données fax. La création de télécopies se réalise selon deux méthodes : en rédigeant le fax dans un traitement de texte puis en l'envoyant depuis le programme vers le destinataire via la fonction d'impression. Il faut au préalable que le programme fax concerné soit installé en tant que gestionnaire d'imprimante. La deuxième solution consiste à utiliser les fonctions du logiciel fax qui prévoient en général des formulaires fax prédéfinis dont il faut adapter le texte. Un PC peut servir en tant que boîte postale s'il est configuré pour la réception de fax via le logiciel fax. Dans ce cas, les télécopies ne peuvent être reçues que si le PC est en marche.

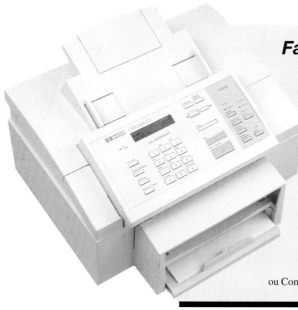

Fax et Cie : communiquer sous Windows 95

Les fonctionnalités du PC se développent sans cesse pour faire concurrence aux bureaux traditionnels. A côté des tâches d'ordre général consistant par exemple à rédiger des lettres, un domaine tend à prendre une importance accrue sur l'ordinateur : c'est la communication. Windows 95 est équipé de puissants programmes capables d'envoyer des télécopies et échanger des messages par l'intermédiaire du modem. Utilisez par exemple Microsoft Fax et l'Assistant de télécopie pour rédiger vos messages, concevez une page de garde de télécopie avec l'éditeur de même nom, spécifiez les données de l'expéditeur et du destinataire et envoyez vos messages par simple appui sur un bouton. Microsoft Exchange est un programme qui assure l'envoi de votre courrier électronique
(E Mail). Cet échange ne se limite pas au sein d'un réseau.
C'est une communication à l'échelle mondiale dans Microsoft Network ou Compuserve.

Voyage dans l'espace numérique
à travers les messageries

La circulation des données à travers le globe terrestre revient beaucoup moins chère qu'un tour du monde en avion ou en bateau. Le grand saut à travers le réseau numérique peut être effectué depuis le PC à domicile - à condition d'avoir un modem et une ligne téléphonique -. Quelle est la destination du voyage ? Les escales les plus fascinantes sont des messageries qui peuvent être proches de vous ou situées dans un petit coin perdu du globe. C'est dans ces boîtes postales électroniques que se rencontrent tous ceux qui sont intéressés par un sujet précis ou par un logiciel spécifique ou ceux qui veulent entrer en contact par le biais du clavier. La participation aux messageries - imaginaire ou active - a perdu depuis longtemps son caractère négatif. Le voyage dans des réseaux distants tels que CompuServe, Internet, Fidonet, etc. ne sert pas à s'introduire par fraude dans des systèmes étrangers mais il s'agit plutôt d'une sorte de sport populaire. On trouve plaisir à voyager dans Cyberspace, un monde merveilleux où on trouve des boîtes aux lettres de tous les horizons.

Protection anti-virus

Même si la majorité des messageries teste régulièrement la présence de virus informatiques dans le logiciel concerné, chaque logiciel provenant d'une boîte postale doit être soumis impérativement à un test anti-virus avant sa mise en service. Les messageries fournissent souvent de nouvelles versions de programmes anti-virus toujours à jour.

Connexion à une messagerie

La procédure de connexion à une messagerie suit en général un schéma standard. Après avoir choisi le serveur avec votre programme terminal et établi la liaison, vous recevez à l'écran un message de bienvenue émis par l'opérateur de la messagerie. Il faut donner son identification avant de pouvoir utiliser une boîte postale. Il faut donc préciser le nom d'utilisateur - un nom ou un mot de passe -. Le premier accès à une boîte postale se fait souvent par l'entrée Invité (Guest). La procédure imposée par les droits d'accès (account) sert à garantir la sécurité pour éviter des fraudes. C'est pourquoi les mots de passe sont changés à intervalles réguliers.

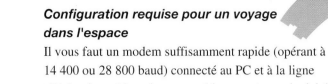

Configuration requise pour un voyage dans l'espace

Il vous faut un modem suffisamment rapide (opérant à 14 400 ou 28 800 baud) connecté au PC et à la ligne téléphonique. Vous devez posséder en outre un logiciel adéquat, ce qu'on appelle un programme terminal. Ce programme contrôle la communication entre vous et le partenaire qui peut être une boîte postale. Windows 95 fournit HyperTerminal. Une fois les numéros de boîtes postales spécifiés, le programme terminal se charge d'établir la communication. Lorsque vous récupérez (download) un logiciel d'une boîte postale, cette opération est prise également en charge par le terminal de même que l'envoi de logiciels depuis votre PC (upload). Pour profiter pleinement des messageries, vous devez avoir du temps et de l'argent. Car la circulation des données à travers le réseau numérique vous oblige à acquitter indiscutablement les frais de téléphone, parfois même les charges de connexion si vous accédez à des messageries professionnelles.

CompuServe

CompuServe représente la plus grande et la plus fascinante des sociétés de service du monde. Avec plus de 1 000 000 de membres, elle vous permet d'accéder à plus de 1 700 bases de données. Vous y rencontrez non seulement des constructeurs de matériel et de logiciels en tous genres, mais aussi des sociétés de conseil, des publications spécialisées, des journaux, des informations économiques, des jeux, etc. Pour accéder à CompuServe, il existe un logiciel terminal spécifique nommé CompuServe Information Manager (CIM). Toutes les revues informatiques donnent la liste des numéros de téléphone utiles en ce domaine. Parfois, les revues informatiques ou les dépliants font des offres permettant d'accéder à bon marché à CompuServe. Les frais d'accès à CompuServe ne sont pas excessifs car c'est une messagerie commerciale. Vous devez verser une cotisation mensuelle et des frais résultant des services particuliers que vous avez demandés. Imposez-vous quelques règles de base pour ne pas être surpris par le montant de vos factures : testez d'abord les services de base avant de passer aux services professionnels. Voyagez de préférence la nuit dans le réseau CompuServe si vous voulez économiser encore un peu. On paye moins la nuit.

Logiciel de réseau : *partager ses ressources*

La conception du PC fait qu'il est le seul maître régnant dans le monde de l'ordinateur individuel. Les besoins de la communication au bureau ont très vite obligé les PC à être interdépendants. Des réseaux sont utiles pour pouvoir échanger à grande vitesse des données et informations d'un ordinateur à l'autre. Un logiciel réseau spécifique assure le contrôle du réseau qu'il soit composé de 100 ou 10 000 membres. Comme un système d'exploitation, ce réseau contrôle, coordonne et configure tous les processus. Les systèmes d'exploitation en réseau sont des logiciels très complexes devant être installés et gérés par des administrateurs du réseau. Les réseaux de la société Novell se sont établis en tant que standard.

Fonctionnalités d'un logiciel réseau

Un réseau tel que Novell Netware doit être apte à répondre à des besoins précis.

1. Il doit connaître les droits d'accès des utilisateurs du réseau.

2. Un logiciel réseau coordonne l'exploitation commune des programmes réseau par tous les membres.

3. L'échange d'informations d'un poste de travail à l'autre est réglé également par le réseau.

4. L'une des tâches principales consiste à partager les périphériques du réseau. Le logiciel réseau veille à ce que plusieurs PC puissent accéder à l'imprimante ou à la télécopie du réseau. De même, un espace suffisant est alloué à chaque poste de travail.

5. Toutes les activités d'un logiciel réseau doivent être régies par le principe de la sécurité des données. Les données doivent être enregistrées en permanence et être protégées de tout risque de manipulation frauduleuse.

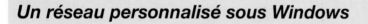

Un réseau personnalisé sous Windows

Windows fournit tous les paramètres permettant de définir un réseau complet, sauf qu'on ne peut configurer qu'un réseau poste à poste. Dans un réseau Windows, tous les ordinateurs ont en principe le même droit. Un réseau Windows permet de définir facilement des groupes de travail où les utilisateurs partagent les imprimantes, les disques durs, etc. Vous pouvez par exemple autoriser un autre membre du réseau à imprimer sur l'imprimante raccordée à votre PC. Il faut relier les ordinateurs entre eux avant de pouvoir définir les paramètres réseau sous Windows. Chaque ordinateur doit être équipé d'une carte réseau garantissant le bon déroulement de l'échange. Le mieux est de s'adresser à un spécialiste pour installer la carte réseau. Ce dernier doit vérifier que la carte réseau est compatible Windows. La liaison entre les ordinateurs se réalise par un câble Ethernet.

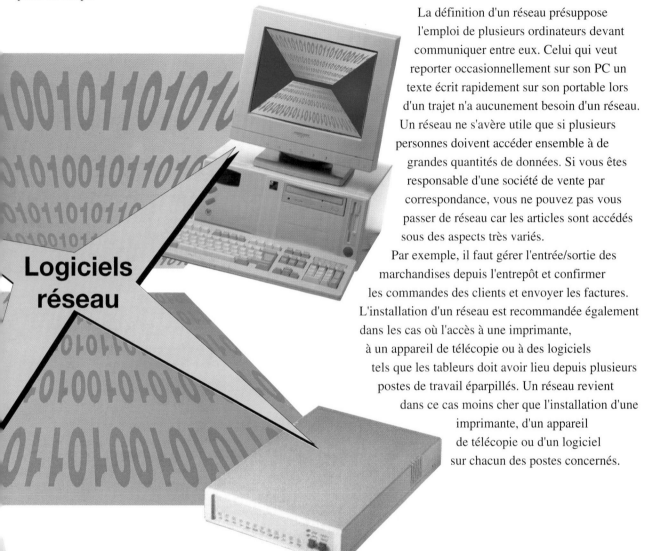

Avantages d'un réseau personnalisé

Avant d'installer un réseau pour vous-même, analysez sérieusement vos besoins pour savoir s'il est vraiment utile pour vous d'en disposer. Installer un réseau complet fait faire beaucoup de frais sans compter l'énorme perte de temps.

La définition d'un réseau présuppose l'emploi de plusieurs ordinateurs devant communiquer entre eux. Celui qui veut reporter occasionnellement sur son PC un texte écrit rapidement sur son portable lors d'un trajet n'a aucunement besoin d'un réseau. Un réseau ne s'avère utile que si plusieurs personnes doivent accéder ensemble à de grandes quantités de données. Si vous êtes responsable d'une société de vente par correspondance, vous ne pouvez pas vous passer de réseau car les articles sont accédés sous des aspects très variés.

Par exemple, il faut gérer l'entrée/sortie des marchandises depuis l'entrepôt et confirmer les commandes des clients et envoyer les factures. L'installation d'un réseau est recommandée également dans les cas où l'accès à une imprimante, à un appareil de télécopie ou à des logiciels tels que les tableurs doit avoir lieu depuis plusieurs postes de travail éparpillés. Un réseau revient dans ce cas moins cher que l'installation d'une imprimante, d'un appareil de télécopie ou d'un logiciel sur chacun des postes concernés.

Logiciels réseau

Echange de données par l'interface série

En règle générale, il n'y a aucun intérêt pour un utilisateur privé d'installer un réseau. Il existe pourtant une méthode efficace pour échanger des données d'un ordinateur à l'autre. Il s'agit de passer par l'interface série. Reliez le PC à un portable avec un câble Null modem. L'échange de données peut être contrôlé par le programme Connexion directe par câble fourni avec Windows 95.

Les jeux sur PC

Si vous demandez à quelqu'un s'il aimerait utiliser son PC pour jouer à des jeux informatiques, il vous répondra sans hésiter qu'il n'a vraiment pas le temps pour ça ou qu'il a acheté l'ordinateur pour ses enfants. Mais à vrai dire, un jeu au moins est installé sur chaque disque dur et ce jeu est utilisé de temps à autre. Si autrefois les adolescents se contentaient de quelques robots mobiles, le PC est devenu aujourd'hui un véritable outil de passe-temps pourvu de quelques applications "sérieuses". Simulation de vol, jeux d'adresse ou simulation de sport, ce sont autant de jeux ayant connu un succès incontesté de par leurs capacités multimédia offrant des images bariolées accompagnées de son et produisant un affichage digne du monde réel. A l'ère des premiers jours du PC, les jeux se limitaient à quelques exemples légendaires tels que PacMan ou Tetris. Aujourd'hui les jeux répondent à tous les besoins divers et variés des utilisateurs, les éditeurs de logiciels s'intéressent de près au marché des jeux informatiques.

Idée générale sur les jeux

Les jeux informatiques classiques

Les jeux informatiques classiques comme par exemple le solitaire font encore partie des jeux préférés des utilisateurs. La fascination du jeu d'échecs où l'ordinateur remplace les plus grands maîtres ou les jeux de cartes tels que poker ou black-jack n'ont rien perdu de leur attrait dans les familles. L'ère du multimédia n'oublie pas non plus ce domaine où la simulation du jeu d'échecs se fait par des figures animées graphiquement sur un fond en couleurs agrémenté de sons ou encore les jeux de cartes où on se bat contre un adversaire imaginaire représenté à l'écran par une séquence vidéo ou une photo.

Configuration requise pour les jeux

Pour pouvoir apprécier pleinement la joie procurée par les jeux informatiques, vous devez disposer du matériel adéquat. L'ordinateur 486 équipé de 8 Mo de mémoire vive est la configuration minimale sans oublier une carte graphique rapide et un disque dur tout aussi puissant. Pour avoir le plaisir d'entendre les bruitages, il est conseillé d'installer une carte son Soundblaster Pro. Vu le nombre de plus en plus croissant des jeux CD-ROM, il devient indispensable de posséder un lecteur CD-ROM double vitesse. Le plaisir des jeux d'action et des simulations de vol ne peut être complet qu'avec un joystick ou un gamepad qui permet de contrôler en toute aisance les actions du jeu.

Jeux d'aventure

Vous connaissez peut-être Larry Laffer, ce petit oiseau malchanceux, qui doit partir courageusement à la recherche de sa bien-aimée. Larry fut l'un des premiers et des plus célèbres jeux d'aventure sur PC. Beaucoup de jeux de ce genre se sont développés au cours du temps s'inspirant très souvent du film de renommée mondiale Indiana Jones ou encore de Monkey Island. Dans un jeu d'aventure, le joueur se met à la place du héros pour franchir des obstacles avant d'atteindre un but précis. Ces actions sont en général longues à accomplir et c'est pourquoi les joueurs passent des heures interminables devant le PC. Ces jeux font rarement ennuyer malgré la complexité et le changement de cadre qu'ils occasionnent.

Jeux d'adresse

Les jeux d'adresse font appel au réflexe et à la rapidité du joueur. On trouve parmi ces jeux les courses de voiture ou les flippers. Mais l'un des plus célèbres et des plus répandus reste Tetris, conçu intelligemment et facile à manier, qui n'a toujours pas cédé la place à un autre jeu de plus grande renommée. Les jeux d'adresse procurent une bonne diversion car ils sont rarement ennuyeux bien qu'ils soient sobrement conçus.

Copies illicites

Protégez-vous contre les copies sauvages qui restent toujours un délit grave dans le monde des jeux informatiques. Economiser de l'argent de cette façon ne sert à rien car vous vous mettez en situation illégale en copiant frauduleusement ces jeux. De plus, vous mettez en danger votre PC qui risque d'être contaminé par des virus. Il est très difficile de découvrir l'origine de l'infection car les logiciels ont longtemps circulé d'une main à l'autre ou d'un ordinateur à l'autre. Il n'est pas rare de trouver des virus sur de telles disquettes. Les dommages encourus sont alors plus graves que si vous aviez acheté tout simplement le jeu. Ne soyez donc pas avare si vous voulez vous amuser sur votre PC (de plus en plus de jeux sont fournis maintenant sur CD-ROM).

Comment acheter un jeu sans gaspiller trop d'argent ?

Un bon jeu passionnant ne mérite pas d'être vendu trop cher. C'est ainsi que d'innombrables jeux shareware sont accessibles par tous contre une modique participation aux frais de copie et d'enregistrement. Ces jeux n'ont rien à envier aux logiciels coûteux disponibles sur le marché. Mais on peut également faire quelques économies en achetant normalement. Les prix varient parfois fortement d'un revendeur à l'autre et il n'est pas vain d'effectuer des comparaisons en consultant les publicités passées dans les journaux informatiques.

Jeux d'action

Le débat reste ouvert sur le bien-fondé de l'usage des jeux d'action sur un PC. Le fait est qu'ils se situent toujours au top du hit-parade des jeux informatiques. On peut y trouver des logiciels de simulation dans l'espace comme X-Wing, Rebell Assault ou Wing Commander où il faut remplir toutes sortes de missions et éliminer des adversaires.

Il existe par ailleurs une profusion de jeux, surtout dans le monde du shareware, où la mort se rencontre à tous les niveaux, ce qui pose un problème d'éthique.

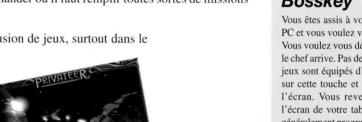

Attention le chef arrive ! Bosskey

Vous êtes assis à votre bureau devant votre PC et vous voulez vous accorder une pause. Vous voulez vous détendre avec un jeu. Zut, le chef arrive. Pas de panique ! De nombreux jeux sont équipés d'une Bosskey. Un appui sur cette touche et hop, le jeu disparaît de l'écran. Vous revenez immédiatement à l'écran de votre tableur. Cette fonction est généralement programmée par la touche F10, mais cela varie d'un jeu à l'autre. N'hésitez pas à consulter le guide d'utilisation ou l'aide du jeu pour connaître cette touche.

A propos de mémoire vive

Vous avez dû remarquer que la majorité des meilleurs jeux fonctionnent directement sous DOS. La raison en est toute simple : sous DOS, le jeu peut non seulement être activé rapidement, mais en plus il peut exploiter à fond la mémoire paginée EMS. Cette mémoire un peu démodée a disparu dans Windows. L'inconvénient est que si vous avez entièrement configuré votre PC pour gérer essentiellement des applications Windows, cette mémoire EMS n'est certainement pas implémentée. Dès que vous allez démarrer un jeu, le logiciel vous répondra que la mémoire EMS est insuffisante ou inexistante. La solution consiste à définir un environnement spécifique au logiciel DOS en question. Pour cela, sélectionnez le fichier exécutable DOS, affichez ses propriétés et cliquez sur le bouton *Paramètres avancés* dans l'onglet *Programme*. Choisissez ici le *Mode MS-DOS* et personnalisez les fichiers de configuration.

Simulations de vol

Le rêve de voler dans l'espace est vieux comme l'humanité. Cette idée fait son chemin sur le PC. Il existe aujourd'hui de nombreux logiciels de simulation de vol, le plus célèbre d'entre eux étant Flight Simulator de Microsoft. Prenez place dans le cockpit à la place du pilote dans un Cessna ou dans un Boeing, et décollez vers des destinations lointaines.

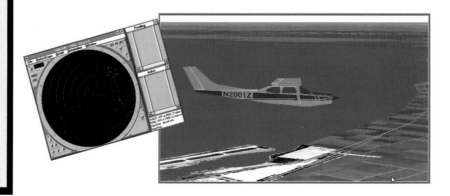

Jeux de sport

Tennis, golf ou hockey sur glace, tous les sports relatés par les médias existent aussi sur un support informatique.
Voulez-vous participer à une Coupe du Monde ou au tournoi de Wimbledon ? Le PC vous ouvre la porte de tous les stades

sans aucun effort physique. Dans la multitude des jeux de sport vendus dans le commerce, il faut bien séparer le bon grain de l'ivraie. Ne vous fiez pas au titre du logiciel, souvent son contenu n'est qu'une pâle imitation d'un événement sportif fortement médiatisé. N'hésitez pas à lire les magazines spécialisés dans l'analyse des jeux pour vous faire une idée objective de leurs fonctionnalités.

Simulations économiques

Les simulations économiques représentent un excellent outil pour s'essayer à la manipulation de cours financiers sans grand risque. Mettez-vous dans la peau d'un maire qui administre sa ville et qui doit faire face à des gestions budgétaires complexes : taxes, eau, grands travaux, aide sociale, santé, etc. Ce genre de jeu est très prenant car la simulation n'est pas très éloignée de la réalité. Parmi les jeux les plus connus, citons SimCity et RailRoad-Tycoon.

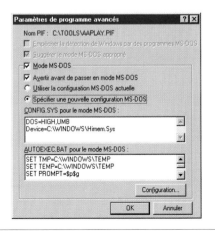

Un conseil ne coûte rien : n'hésitez pas à vous renseigner

Après avoir passé des heures et des heures devant un jeu pour tomber dans la nuit sur un tableau où rien ne fonctionne plus, comment trouver la solution qui pourtant semble évidente ? À qui s'adresser pour connaître l'astuce ? Il existe toute une série de revues dédiées aux jeux PC qui aident les utilisateurs en cas de panne. Consultez ces magazines chez votre libraire. Ils contiennent des articles très intéressants sur les jeux, parfois ils fournissent toutes les étapes au point que vous pouvez terminer entièrement le jeu.

Emploi du temps électronique

Se rappeler un anniversaire, une fête importante ? Ménager plus de vacances avec peu de jours de congé ? Augmenter la productivité au travail ? Toutes ces questions relèvent de la bonne gestion du temps pour laquelle il existe des solutions logicielles sur PC.

La mode actuelle est d'avoir sur son bureau ou dans sa poche un agenda électronique qui remplace fidèlement les fonctions de l'agenda classique. Ces assistants numériques présentent des avantages incontestés face aux agendas en forme de livres. L'un des agendas électroniques à grand succès est Lotus Organizer qui répond entièrement aux attentes d'un utilisateur PC à domicile. Il se différencie néanmoins des logiciels à caractère professionnel tels que Notes d'IBM ou Project de Microsoft qui aident à gérer les innombrables tâches complexes à accomplir dans les sociétés.

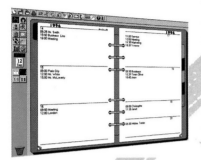

Du bon emploi de son temps

Les débats multiples autour de l'aménagement du temps de travail montrent sans conteste que c'est un problème de société de ce 20 ème siècle. Dans un monde devenant de plus en plus complexe - surtout le monde professionnel -, il s'agit de manipuler aussi efficacement que possible cette denrée rare qui est le temps. L'aménagement du temps de travail est en rapport étroit avec l'emploi du temps. Il faut que les objectifs soient atteints sans le moindre temps mort et il faut veiller à ce qu'il y ait un roulement constant du personnel. Des périodes de longue durée - pour la réalisation d'un grand projet - nécessitent d'être divisées en petites unités palpables qui soient traitées aussi efficacement que possible. C'est là que les agendas s'avèrent d'une grande aide - qu'ils soient sous forme de livres ou électroniques sur PC - car ils mettent en évidence les délais et les prévisions.

Pas d'emploi du temps parfait sans mise à jour

Vous n'arriverez jamais à bien gérer votre temps si vous ne mettez pas régulièrement à jour les dates et les prévisions. La moindre modification dans un projet ou le léger décalage dans le temps doit être notifié explicitement dans l'agenda. Un agenda électronique ne peut se révéler comme un assistant méthodique que si vous mettez à jour les dates et les rendez-vous. C'est ainsi que vous arriverez à rattraper le temps perdu ou à vous adapter aux conditions imposées par de nouvelles situations de travail.

Avantages d'un agenda électronique

Vous pouvez aménager votre temps de travail sur PC de manière pratique car l'agenda électronique apporte un plus par rapport à l'agenda classique. Il donne une vue d'ensemble sur les jours, semaines, mois et années en mentionnant des informations utiles (jours fériés, congés scolaires, tarifs postaux, etc.). Il peut aussi comporter en plus un petit gestionnaire d'adresses, un planning avec la liste des activités, des feuilles de mémo.

Les assistants numériques offrent des avantages indiscutables par rapport à l'agenda en carnet :

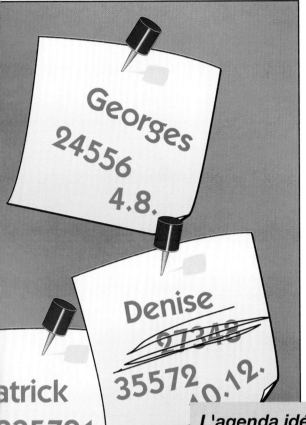

1. Les modules d'un agenda électronique sont interdépendants. Par exemple, on peut associer un rendez-vous pris avec un ami avec une entrée du fichier d'adresses ou avec un commentaire du champ mémo. Si un modem est raccordé au PC, on peut appeler directement un ami depuis le gestionnaire d'adresses ou lui envoyer une télécopie.

2. Quelques clics de la souris donnent une vue globale sur les données. Les dates indiquées dans l'agenda sont reportées automatiquement dans l'aperçu hebdomadaire ou annuel.

3. Un agenda électronique met à jour sans votre intervention les changements de date, vérifie les chevauchements de date et signale les rendez-vous répétitifs.

4. Les plannings professionnels donnent tous les paramètres permettant de mener à bien un projet. Cela commence par la définition des activités partielles, dont les décalages dans le temps sont pris en compte dans d'autres parties du projet, jusqu'à l'achèvement complet du projet.

L'agenda idéal

L'apparition d'une multitude d'agendas électroniques résulte de la signification prépondérante prise par l'aménagement du temps dans la vie socio-économique. Demandez-vous, avant d'acheter un agenda électronique, si vous en avez vraiment besoin. Si vous envisagez de gérer uniquement les anniversaires des parents et amis, il vaut mieux pour vous de recourir à un agenda classique. Mais il en va autrement si vous devez vous rappeler des dates et des rendez-vous de travail ou pourquoi pas d'ordre personnel. L'outil idéal pour vous sera alors Lotus Organizer dont les performances ne laissent aucun doute quant à la convivialité. Sur le moniteur, cet agenda se présente comme un parfait calendrier pourvu de zones spécifiques réservées aux informations, adresses et commentaires personnels. Mais pour gérer des projets sur PC, vous devez opter pour un autre type de logiciel enrichi de fonctions utiles dans le domaine qui vous intéresse. Les maîtres en ce domaine s'appellent IBM Lotus ou Microsoft Project. Ils aident à gérer des projets complexes.

Logiciel de gestion financière

Vous vous êtes déjà trouvé dans une impasse : vous devez verser de toute urgence une somme d'argent mais les portes de la banque sont encore fermées. Vous avez besoin immédiatement d'un chéquier mais la banque n'ouvre pas le samedi-dimanche. Quel est l'état actuel de votre compte ? Avez-vous les moyens de vous offrir une chaîne HiFi ? Comment avoir la meilleure vue d'ensemble sur les crédits et débits de façon à pouvoir mettre un peu d'argent de côté ? De plus en plus d'utilisateurs se servent du PC pour suivre et gérer leurs transactions bancaires à n'importe quelle heure sans être importunés par les jours de fermeture de la banque. Il existe des "conseillers financiers numériques" qui apportent des réponses à toutes les questions que vous vous posez.

Les logiciels de gestion financière tels que Microsoft Money ne se contentent pas de produire à votre demande un relevé du compte sur l'imprimante à domicile. Ces programmes prennent en charge l'organisation et la gestion intégrale de vos recettes et dépenses personnelles, le contrôle des investissements ou le calcul du crédit. En exploitant à bon escient ces conseillers financiers sur PC, vous apprendrez à mieux gérer vos finances et perdrez moins de temps et d'argent.

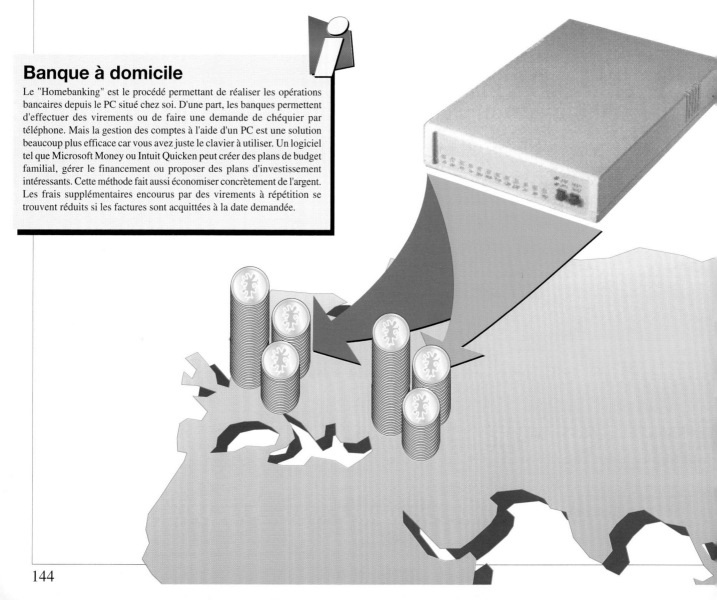

Banque à domicile

Le "Homebanking" est le procédé permettant de réaliser les opérations bancaires depuis le PC situé chez soi. D'une part, les banques permettent d'effectuer des virements ou de faire une demande de chéquier par téléphone. Mais la gestion des comptes à l'aide d'un PC est une solution beaucoup plus efficace car vous avez juste le clavier à utiliser. Un logiciel tel que Microsoft Money ou Intuit Quicken peut créer des plans de budget familial, gérer le financement ou proposer des plans d'investissement intéressants. Cette méthode fait aussi économiser concrètement de l'argent. Les frais supplémentaires encourus par des virements à répétition se trouvent réduits si les factures sont acquittées à la date demandée.

Budget familial sur PC

La multiplicité des comptes est à l'origine de l'énorme succès de la gestion financière sur ordinateur. Ces comptes sont tout d'abord déclarés suivant certaines catégories, par exemple pour les recettes ou dépenses privées ou pour des dépenses d'ordre professionnel. Vous pouvez accéder ainsi à des catégories standard divisées en sous-catégories ou définir vos propres comptes.

Toutes les opérations réalisées sous Money ou Quicken sont gérées sous forme de comptes. Vous avez le choix entre plusieurs types de comptes. Définissez par exemple un compte bancaire dans le programme pour effectuer des virements sur votre compte courant. Les utilisateurs invétérés de cartes de crédit peuvent ouvrir un compte cartes de crédit. De même, il existe des comptes spéciaux pour gérer les actions ou les fonds.

Tout s'opère automatiquement une fois le compte défini. Le destinataire, la date et le montant du versement étant spécifiés, il ne reste plus qu'à cliquer ici et là pour que le logiciel effectue les calculs nécessaires. Pour des paiements que vous êtes amené à acquitter régulièrement, définissez la liste des destinataires (EDF, compagnie d'assurance, enfant au collège) en inscrivant les dates d'échéance pour pouvoir automatiser le paiement des opérations restant dues.

Configuration requise pour gérer des comptes à domicile

Vous devez remplir quelques conditions préalables pour accéder à tout moment aux comptes bancaires depuis votre PC.

1. Vous devez disposer tout d'abord d'un logiciel de gestion financière installé sur votre PC.

2. Pour accéder à distance aux comptes bancaires, vous devez avoir un modem.

3. L'accès à l'ordinateur central de la banque se fait par le biais d'un réseau public.

4. La discrétion et la sécurité des données sont indispensables en matière d'opérations bancaires. Il faut donc être à l'abri de toutes malversations provoquées par des intrus cherchant à manier vos comptes. Il va sans dire que vous devez vous déplacer jusqu'à votre banque pour faire une demande d'accès. Quelques jours plus tard, la banque vous autorisera l'accès à votre compte à l'aide d'un code de sécurité. En général, il vous faut en plus des numéros de sécurité pour effectuer des opérations depuis votre PC.

Concevoir un budget familial

Les logiciels de gestion financière révèlent leur force lors de la création d'un budget familial. Une comparaison entre les crédits et les débits sert à mieux contrôler les dépenses dans le but d'économiser un peu d'argent - pour l'achat d'une nouvelle voiture ou d'une maison -. Microsoft Money est un programme qui, par simple clic, génère pour vous le budget demandé. Après avoir activé la fonction d'autobudget, indiquez la période pour laquelle vous voulez définir le budget et le logiciel se charge du reste. Cette fonction n'opère que si vous avez déjà passé des écritures *via* logiciel. Vous pouvez ensuite imprimer cet état pour avoir une idée précise sur les dépenses à maîtriser.

Certaines catégories méritent plus d'attention

Pour exploiter à bon escient un logiciel de gestion financière, il faut définir des catégories spécifiques. Ces catégories servent à mieux répartir les écritures. Pour consulter par exemple les recettes et dépenses du mois, vous devez préciser en détail les entrées et les sorties d'argent. Indiquez par exemple qui a dépensé une certaine somme d'argent et dans quel but - pour aller au cinéma. Les catégories aident à suivre clairement le chemin parcouru par l'argent. Pensez par conséquent aux catégories qui entrent en jeu dans votre ménage avant de concevoir le budget.

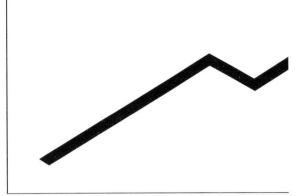

Investissements et actions

Même si les logiciels de gestion financière ne vous aident pas à devenir millionnaire, il n'empêche qu'ils sont fort utiles pour gérer les investissements, surtout si ces derniers sont dispersés. Il faut commencer par définir un compte de dépôts où vous pouvez gérer les traditionnels comptes d'épargne mais aussi les actions et les investissements. Vous avez ainsi rapidement une vue globale sur les fonds investis. Une autre analyse, tout aussi fructueuse, permet d'évaluer le montant des bénéfices attendus. L'évolution des actions et des gains est ensuite reproduite par un graphique qui, espérons-le, sera toujours en hausse en ce qui vous concerne.

Et qu'en est-il du crédit ? Un logiciel de gestion financière digne de ce nom fournit des

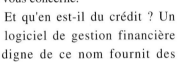

assistants qui s'intéressent exclusivement aux crédits. Un programme tel que Money ou Quicken est capable de générer un plan de financement en l'espace de quelques secondes.

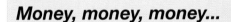

Money, money, money...

Pour tirer le meilleur parti d'un logiciel de gestion financière, vous devez vous conformer à certaines règles contraignantes. Se servir du PC pour tenir sa comptabilité ne présente un quelconque intérêt que si la moindre dépense - aussi infime soit-elle - est reportée sur le PC. A vous seul de décider si les avantages procurés par autant de travail minutieux vous sont réellement bénéfiques. Si vous ne pensez utiliser le PC que pour simuler les conditions du crédit ou pour avoir l'aperçu des dépenses, sachez qu'un tableur peut effectuer ce genre de calcul. Mais les professions libérales ou les petites entreprises peuvent sans hésiter recourir à des programmes comme Money ou Quicken pour gérer en bonne et due forme leurs recettes et dépenses. Beaucoup de sociétés fournissent aujourd'hui des logiciels très pointus en matière de gestion financière.

Utilitaire : petit programme d'aide pour PC

Le monde PC regorge d'une multitude de programmes d'aide, appelés utilitaires, qui ont secouru bon nombre d'utilisateurs à sortir d'une impasse. Les utilitaires en tous genres interviennent dans des situations diverses et variées. Leur but unique est d'accroître les capacités matérielles ou de restaurer des données perdues ou de préserver des données importantes.

Virus et programmes anti-virus

Au cours de la rédaction de cet ouvrage, voici ce qui m'est arrivé : les textes étant écrits sous un traitement de texte, il fallait les enregistrer sur disquettes pour les envoyer chez le graphiste qui devait les éditer avec son programme. Un jour, alors que je voulais sauver sur disquette l'un des documents, le lecteur de disquettes refusa non seulement de coopérer mais annonça que ma disquette avait une capacité de plusieurs centaines de Mo tout en affichant des noms de fichier tout à fait barbares. Au début, j'ai cru que mon lecteur de disquettes était devenu défectueux mais très vite mon sang ne fit qu'un tour : des virus s'étaient introduits dans mon lecteur ! Par chance, c'était un virus bénin n'ayant pas provoqué de gros dégâts, aucune donnée n'a été détruite. Mais il existe des virus capables d'anéantir le PC tout entier. Le seul recours dont dispose l'utilisateur est alors de réinstaller entièrement le système en sachant qu'il ne pourra plus retrouver ses données qui sont perdues à jamais.

Mieux vaut prévenir que guérir, comme on dit. Prenez l'habitude d'utiliser des versions originales en renonçant aux copies des programmes dont vous n'avez aucune idée de l'endroit d'où elles proviennent. N'hésitez pas non plus à utiliser des programmes anti-virus. Il en existe de toutes sortes notamment en shareware. Certains utilisateurs vont jusqu'à faire un usage excessif de programmes anti-virus. Mais faites toujours attention d'avoir la toute dernière version de ces programmes car les virus changent tous les jours d'aspect. En ce qui me concerne, je dispose d'un scanner anti-virus (programme qui inspecte le disque dur entier à la recherche de virus), intégré au démarrage.

Autrement dit, mon système est examiné de fond en comble à chaque démarrage.

Programmes de compression

Si les programmes de compression sont devenus démodés en raison de la baisse des prix du matériel notamment des disques durs, ils restent malgré tout irremplaçables dans certains domaines. Un programme de compression aide à copier par exemple beaucoup de fichiers sur peu de disquettes, ou même une seule, sachant que la capacité des fichiers est nettement supérieure à celle d'une disquette. Ces programmes compactent les données pour leur donner une taille aussi infime que possible. Ce procédé s'appelle compression et les fichiers compressés deviennent des fichiers d'archive. Les fichiers ainsi générés, parfois un seul et unique fichier, obtiennent un format compacté. Ils ne sont plus exécutables même si ces fichiers étaient au départ exécutables. Pour pouvoir les réutiliser, vous devez les décompresser c'est-à-dire les convertir au format natif. Le gain de place qui résulte de la compression dépend du format du fichier (texte, image ou programme). Le taux de compression varie selon le type de fichier. Les programmes doublant la capacité disque fonctionnent selon le même principe. Ils compactent automatiquement les données sur disque et les décompactent sans que l'utilisateur s'en aperçoive (compression/décompression en temps réel). L'inconvénient est que le disque dur devient à la longue de plus en plus lent surtout si la quantité de fichiers stockés est considérable.

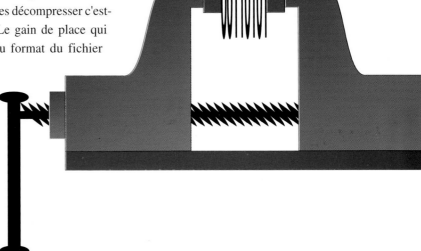

Gain de place

Pensez à compresser sur disque les programmes et fichiers dont vous vous servez rarement mais que vous ne voulez pas enlever du disque. Vous gagnez ainsi une quantité importante d'espace disque tout en ayant les données à portée de la main. C'est un procédé à mettre en œuvre avec des fichiers gourmands en occupation disque tels que les photos scannées ou images en couleurs.

Décompression automatique de fichiers

Certains programmes de compression compactent les fichiers de telle sorte qu'ils soient des fichiers auto-extractibles. Les données sont compressées dans un fichier exécutable (fichier exe) qui, une fois appelé, décompresse automatiquement son contenu. C'est la méthode idéale pour compresser un fichier mais son inconvénient est que le fichier compressé peut être confondu avec n'importe quel fichier exécutable.

Utilitaire pour Hardware & Cie

La mémoire vive étant sollicitée par tous les programmes utilisateur, de nombreux utilitaires du marché permettent de l'optimiser pour en assurer les meilleures performances. D'autres programmes cherchent à augmenter la vitesse d'exécution du support de stockage en défragmentant par exemple le disque dur lorsqu'il contient trop de données. La quantité de données augmente avec le temps, on installe puis on efface sans cesse des fichiers, tout cela tend à ralentir le disque dur. La conséquence immédiate de ces actions est de provoquer une fragmentation des données obligeant le programme à réunir les informations à chaque démarrage, ce qui fait perdre beaucoup de temps. Les programmes d'optimisation du disque font le ménage dans le support de stockage en replaçant les données au bon endroit. Windows fournit parmi ses outils système un programme de défragmentation de disque.

Programmes cache pour lecteur CD-ROM

Malgré tous les efforts des développeurs, le lecteur CD-ROM souffre d'une grande lacune concernant sa vitesse d'exécution. C'est pour augmenter cette vitesse que se sont développés des programmes cache conçus spécialement pour les lecteurs CD-ROM. Consultez les revues informatiques pour vous faire une idée de ces programmes et des capacités qu'ils offrent. Parfois, il suffit d'investir un peu d'argent dans ces programmes pour s'attendre à des merveilles.

Augmenter la sécurité des données

Les utilitaires n'ont pas oublié le domaine de la sécurité et de la récupération des données. Tout le monde a sans doute déjà entendu parler de la sauvegarde ou du backup. Le backup est une copie de sécurité des données sous forme compressée qui aide à se prémunir contre des cas de force majeure. DOS possède un programme de sauvegarde. D'autres utilitaires aident à récupérer des fichiers qu'on a cru perdus à jamais. Malgré tous les messages de sécurité, la suppression accidentelle d'un fichier peut se produire en quelques secondes sans qu'on ait le temps de réagir.

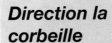

Direction la corbeille

Les données que vous supprimez sous Windows 95 atterrissent dans la corbeille. Ne croyez pas pour autant que les données sont supprimées. En fait, elles sont conservées dans la corbeille jusqu'à ce que vous vidiez la corbeille. Vous pouvez ainsi récupérer des fichiers perdus accidentellement. Double-cliquez sur l'icône Corbeille et vous obtiendrez la liste de tous les fichiers qu'elle contient. Ramenez par exemple vers le bureau l'un des fichiers en le tirant avec la souris. Si vous exécutez au contraire la commande Vider la corbeille, n'espérez plus retrouver vos données car elles seront définitivement perdues.

Backup à intervalles réguliers

On ne se rend réellement compte de l'importance des données et fichiers que lorsqu'on les a perdus. On rencontre toujours des situations où le disque dur devient défectueux et donc les données se trouvent irrémédiablement détruites. Il n'est pas vain d'effectuer régulièrement un backup (une fois par mois) pour sauver les principales données. Malgré le temps perdu pour la sauvegarde, il n'a rien de comparable avec le temps que vous passerez à reconstruire manuellement les données perdues. Certains utilisateurs font un backup complet du disque dur.

Langages de programmation

Lorsque vous utilisez un texteur, un tableur ou une base de données, il paraît évident que vous puissiez rédiger un texte, effectuer un calcul ou gérer des données. Encore faut-il que ces logiciels soient programmés correctement. Autrement dit, il faut que l'ordinateur soit informé, dans un langage qu'il peut interpréter, des tâches qu'il doit exécuter ou des fonctions qu'il doit accomplir. L'opération n'est pas aussi simple à réaliser que cela. Il faut utiliser un logiciel spécifique à la création des applications et c'est ce qu'on appelle un langage de programmation.

Il existe de nombreux langages de programmation portant des noms comme Assembleur, Pascal, Basic, C, Cobol, Fortran, etc. Vous vous demandez sans doute pourquoi un seul langage ne suffirait-il pas ? La réponse est Non comme vous vous y attendez.

Chaque langage se distingue d'un autre par ses forces et ses faiblesses. L'un est par exemple destiné au domaine mathématique tel que Fortran tandis que l'autre convient plutôt pour créer des applications commerciales comme Cobol.

Et si on développait un seul langage de programmation qui couvrirait tous les domaines ? Un langage de ce type existe également sous le nom de langage machine. Ce langage occupe pour ainsi dire le plus bas niveau de l'échelle, là où les logiciels communiquent directement avec les composants matériels du PC. On dit que ce langage de programmation fait partie de la première génération. Les autres langages évolués sont en quelque sorte les successeurs de ce langage de programmation.

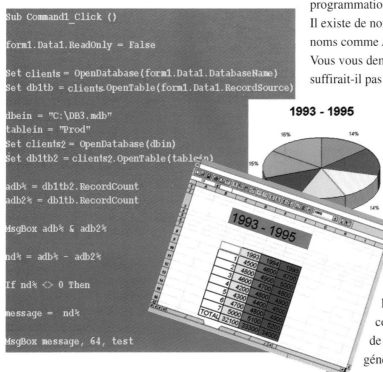

Le langage machine a pour inconvénient d'être difficile à maîtriser. Pour développer une fonction spécifique, il faut programmer péniblement toute une série de petites commandes pour atteindre enfin le but escompté. Les langages de programmation évolués n'obligent plus à décomposer ainsi les commandes car ils intègrent les innombrables petites séquences de commandes en une seule et unique commande. La programmation est ainsi facilitée. Dans la mesure où le développement d'une application ne nécessite pas de recourir à toutes les commandes qui peuvent exister, on n'intègre que les commandes répondant à la situation donnée. La programmation et le langage de programmation deviennent clairs et concis.

Qu'est-ce que la programmation batch ?

Le fichier AUTOEXEC.BAT, activé au démarrage de l'ordinateur, ne vous est pas inconnu. C'est un fichier batch. Un fichier batch n'est rien de plus qu'une liste de commandes DOS consécutives permettant d'exécuter ces commandes ligne par ligne. La programmation d'un fichier batch se réalise avec un éditeur de texte quelconque. Le fichier batch peut être implémenté par exemple pour activer un programme avec des paramètres bien précis.

NOTE

Le fichier AUTOEXEC.BAT n'a plus le même rôle sous Windows 95.

Principales commandes de programmation

Certaines notions se rencontrent de façon répétitive dans le domaine de la programmation. Cette brève description des notions, comme les commandes, variables, conditions et boucles, vous aidera à mieux appréhender le sujet.

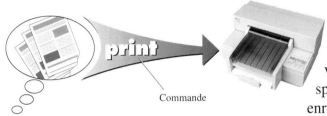

Commande

Commande

La commande représente l'élément central de la programmation. A l'aide d'une commande, vous invitez l'ordinateur à exécuter une tâche spécifique par exemple imprimer, supprimer, enregistrer, etc. La commande est en quelque sorte un mot de vocabulaire du langage de programmation que vous devez maîtriser. Le nombre des commandes disponibles dépend entièrement du langage de programmation.

Variable

Une variable est comparable à un caractère de substitution requis pour effectuer l'entrée ou la sortie demandée. Que représente une variable en mathématique ? Par exemple, vous aurez besoin de trois variables différentes pour additionner deux nombres à l'aide d'un programme : deux variables pour l'entrée et une pour le résultat.

Variables

$$X + Y = Z$$

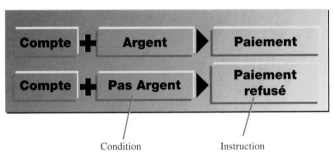

Condition   Instruction

Boucle

Une boucle est une instruction qui continue de s'exécuter tant qu'un état spécifique n'est pas atteint. Prenons un exemple : vous disposez d'un fichier d'adresses renfermant 30 entrées que vous souhaitez numéroter. Si vous décidez d'écrire un programme pour exécuter cette tâche, vous seriez obligé d'implémenter une boucle. Une telle boucle serait chargée de traiter chaque adresse une à une jusqu'à ce que la fin du fichier soit atteinte.

Instruction conditionnelle : if then else

Une instruction conditionnelle est implémentée pour réagir de plusieurs façons différentes à une action. Lorsque votre banque vous ouvre un compte qui ne vous permet d'effectuer des paiements que si le compte est suffisamment approvisionné, c'est là une instruction conditionnelle. Dans le jargon informatique, on pourrait exprimer cela comme suit : si le compte est approvisionné alors il faut autoriser les paiements - sinon, il faut refuser. Une instruction conditionnelle est désignée communément par une instruction if then else.

Qu'est-ce que l'intelligence artificielle ?

L'intelligence artificielle est un mot qu'on entend fréquemment dans le contexte de la programmation. Depuis que la programmation a vu le jour, le rêve de tout développeur est d'inventer un ordinateur agissant avec sa propre intelligence. Un ordinateur capable de résoudre des problèmes et de réagir aux erreurs, bref un outil capable de prendre des décisions. Un certain nombre de langages tels que Prolog ou Lisp ont pour but de doter l'ordinateur de son propre cerveau (en particulier dans le domaine de la reconnaissance et du traitement de la langue). Malgré les énormes progrès accomplis en ce domaine, le rêve de collaborer un jour avec un ordinateur intelligent reste encore au stade d'une vision lointaine du futur.

Programmation de l'avenir : orientation objet

Windows l'a démontré : la mode des fonctions et commandes connues des programmes DOS est révolue. La communication avec le PC s'effectue de plus en plus au niveau visuel. L'interface de Windows ainsi que tous les éléments qu'elle comporte sont manipulables avec la souris. Pour imprimer un document, on clique sur l'icône d'impression. Pour dialoguer avec le programme, on appuie sur des boutons et pour appeler des fichiers, on clique sur les noms ou les icônes concernés. L'action qu'on exécute est en fait orientée objet car on se sert d'objets variés comme l'icône d'impression, les boutons et les fenêtres pour mener à bien les opérations. Un objet ne représente pas seulement l'élément affiché sur l'écran. Il désigne également la souris ou l'imprimante connectée au PC. En résumé, un objet représente tout ce qui est associé à un programme et tout ce qui permet, visible ou invisible, d'exécuter des opérations.

Compilateur

L'application que vous créez avec un langage de programmation n'est pas immédiatement exécutable. De nombreux langages de programmation fournissent dans ce but des compilateurs qui compilent le programme concerné c'est-à-dire qu'ils le convertissent en un fichier exécutable (un fichier EXE). Notez qu'un fichier compilé ne peut plus être modifié. N'effectuez donc la compilation que si le programme est complètement prêt.

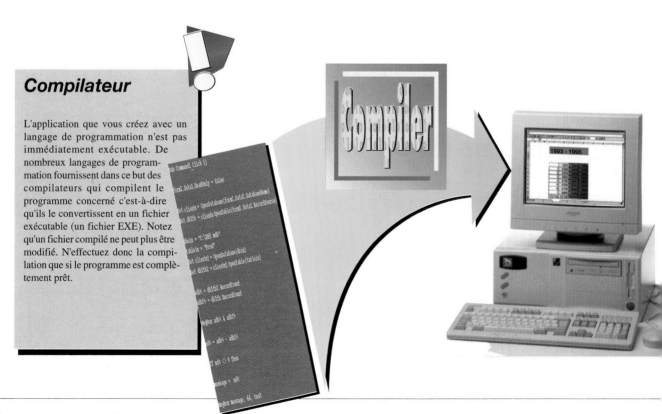

Propriétés, événements et méthodes

La notion d'orientation objet sous-entend beaucoup d'autres choses. La programmation ne consiste pas seulement à définir des objets mais surtout à affecter des propriétés, des événements et des méthodes à ces objets. Prenons un exemple pour expliciter ce principe. Tout le monde sait à quoi sert une voiture, pour conduire quelqu'un d'un point A vers un point B. Vous devinez déjà que la voiture représente ici un objet. Une voiture peut être caractérisée par ses propriétés telles que la couleur, la marque ou la taille. Les propriétés décrivent donc l'apparence (couleur, marque, etc.) d'un objet. Pour que la

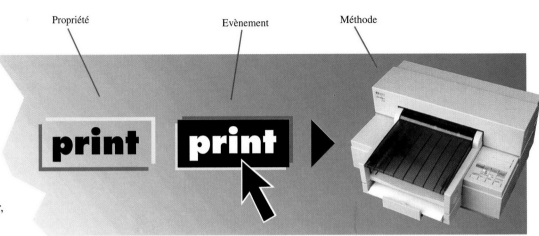

Propriété — Evènement — Méthode

voiture puisse rouler, il faut d'abord mettre en route le moteur. Ce processus de démarrage est en fait l'événement qui déclenche une action : la mise en marche de la voiture. Et les méthodes ? Les méthodes représentent la condition préalable à la bonne exécution d'une action, ici le trajet de A à B, ou l'existence d'un moteur, ou la transmission de la puissance aux roues. Transposons cet exemple dans le domaine informatique. Il en va de même lorsque vous cliquez sur un bouton par exemple l'icône d'impression. L'objet Bouton possède lui aussi des propriétés concernant la taille, l'apparence, la position, etc. L'événement clic de la souris déclenche un certain processus ici l'impression. La méthode décrit enfin l'action à exécuter notamment l'impression d'un document.

Retour aux langages de programmation orientés objets

La programmation orientée objets n'est pas un phénonème purement Windows. L'orientation objets existe depuis longtemps sous DOS, par exemple dans le langage Smalltalk. Mais on peut dire que cette technique de programmation ne s'est véritablement établie que depuis l'expansion de Windows. Des langages tels que Visual Basic, Turbo Pascal ou Visual C donnaient à la programmation orientée objets quelque espoir de se divulguer auprès du grand public.

Mais ici également, il existe des langages de programmation spécifiques à des domaines précis comme par exemple Toolbook pour les applications multimédia ou Knowledge Pro pour des systèmes perfectionnés en multimédia (ce sont des bases de données scientifiques où sont stockées les résultats des recherches notamment dans la médecine). Visual Basic est l'un des langages de programmation préférés des utilisateurs car il permet de créer sans difficulté des programmes personnalisés sous Windows. Nous vous conseillons de choisir ce langage si vous avez l'intention de vous lancer dans la programmation sous Windows.

Chapitre 4

Son, image et vidéo sur PC : Multimédia

Le PC en remplacement de votre chaîne hifi ?
Un diaporama de votre voyage de vacances sur votre
ordinateur ? Que diriez-vous encore d'un dictionnaire
numérique dans lequel, par exemple, les évènements
historiques seraient illustrés par des films d'époque
et des discours ? Le multimédia n'est plus un rêve.
Les ordinateurs peuvent traiter de manière
intelligente tous les moyens d'information qu'il
s'agisse du téléphone, de la vidéo, de la télévision,
de la musique ou encore le livre et la presse

En avant vers le futur : Multimédia

Il ne se passe pas un jour sans qu'un utilisateur PC ne soit confronté à cette notion. Un mot est toujours cité au moins une fois par jour, soit dans la presse quotidienne, soit dans les magazines informatiques, soit dans les affiches publicitaires et ce mot est : Multimédia. Que se cache-t-il réellement derrière ce mot magique qui correspond à d'extraordinaires innovations ? Si on s'en tient à la signification propre du mot, on obtient "plusieurs médias". Lorsqu'on parle de multimédia dans le contexte de l'ordinateur, on sous-entend l'intégration de plusieurs médias notamment le son, l'image, l'animation et la vidéo sur PC ou autre système. Mais ce n'est pas tout. Un autre phénomène qui accompagne le multimédia est que ce procédé est interactif. Interactif signifie qu'on participe activement à un événement et qu'on peut l'influencer à volonté. Le multimédia désigne en fait un transfert d'informations sous forme de sons et d'images avec possibilité de communiquer avec l'utilisateur.

Les composantes du multimédia

Son

Le son intègre tout ce que l'oreille humaine peut capter c'est-à-dire la musique, la voix ou les bruitages entourant l'environnement moderne (par exemple le bruit des voitures sur la route). Le multimédia permet de créer des applications générant de la musique, émettant des bruits semblables à ceux qu'on entend en réalité ou renvoyant des commentaires parlés.

Image

L'image d'un peintre de renommée mondiale, la photo d'une personnalité célèbre ou tout simplement une illustration, les images représentent un atout important pour le multimédia. Les images aident par exemple à représenter un corps humain sur lequel on clique de part et d'autre pour visualiser les organes internes. On peut pour ainsi dire commencer un voyage sans fin à travers le corps humain.

Images animées

Le multimédia gère également des animations au même titre que les images d'un film ou de la télévision. Il peut s'agir d'une séquence vidéo telle la représentation d'un paysage ou d'une animation, un film comique créé sur l'ordinateur. On pourrait fort bien présenter un film complet sur PC au moyen du multimédia.

Communication d'informations

Pendant longtemps, on a utilisé des textes et des images pour transmettre des informations. Depuis l'évolution du multimédia, l'information en général peut être communiquée sous forme d'images animées enrichies de graphiques et de commentaires. Prenons l'exemple des recettes de cuisine où on ne se contente plus de montrer les ingrédients et de donner des explications sur le mode de préparation. Désormais, une vidéo montre la marche à suivre et indique les conseils nécessaires. Le principe est en fait similaire à ce qu'on voit à la télévision. La seule différence c'est que l'utilisateur peut intervenir dans le déroulement de l'opération en désactivant par exemple le son, en visionnant plusieurs fois la même séquence, en arrêtant une image, etc. Il existe de même des bases de données multimédia qui renvoient non seulement l'information demandée mais l'illustrent par la photo du peintre du compositeur de musique concerné. On parle de plus en plus des livres numériques. D'ores et déjà, les encyclopédies exploitent le procédé multimédia pour présenter des extraits de films historiques et des discours prononcés par les personnalités politiques. La communication d'informations via le multimédia a déjà envahi le monde quotidien. De nombreux points de rencontre tels que les centres commerciaux ou les expositions utilisent des systèmes d'informations numériques où l'utilisateur obtient l'information qu'il souhaite en appuyant sur un bouton (parfois en plusieurs langues étrangères).

Multimédia : tout ce qui brille n'est pas or

A l'ère où le mot multimédia est dans la bouche de tout un chacun, il faut s'attendre à une utilisation détournée de cette notion. Le marché logiciel est inondé d'applications qui sont vendues sous le nom de multimédia mais dont les performances n'ont absolument rien à voir avec cette notion. Avant d'acheter un produit multimédia digne de ce nom, n'hésitez pas à demander une démonstration du logiciel et effectuez des tests par vous-même. Consultez également les magazines spécialisés dont les bancs d'essai sont fort enrichissants.

Présentation

Le domaine de la présentation tire également tous les bénéfices du multimédia. De même les forces de vente des entreprises s'appuient sur cette nouvelle technologie. On peut s'attendre, dans un futur proche, à avoir des catalogues de voyage sur CD-ROM pour offrir au client des images inédites et des commentaires mais aussi des séquences vidéo sur les sites et l'environnement, sur les prestations des hôtels ou pensions ou sur les événements culturels. L'accompagnement musical et encore moins les commentaires parlés n'y feront pas défaut. Le multimédia peut aussi faire des miracles dans la vente via la publicité. Les supermachés et les centres commerciaux emploient de plus en plus des séquences vidéo pour montrer des films publicitaires. L'avantage est qu'une fois l'intérêt capté chez le client, ce dernier peut dialoguer immédiatement avec l'ordinateur pour obtenir des informations complémentaires.

Didacticiels

L'apprentissage via ordinateur est un autre domaine où le multimédia est bien adapté. On désigne cette méthode par CBT (Computer Based Training) ou EAO (enseignement assisté par ordinateur). L'échange d'informations se fait ici en mode interactif, c'est-à-dire que l'utilisateur détermine la durée des leçons selon ses besoins ou revoie les mêmes leçons. L'apprentissage interactif est une solution bien adaptée pour assimiler agréablement un principe de fonctionnement compliqué comme celui d'un moteur d'avion. L'ordinateur est un outil parfait pour l'enseignement des langues étrangères car il permet de maîtriser l'écrit et l'oral en même temps.

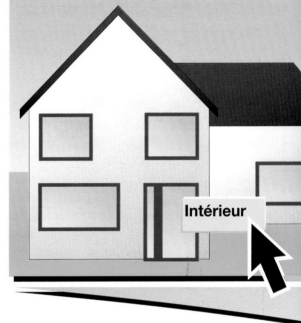

Intérieur

Multimédia avec des applications standard

Vous n'avez pas besoin d'être un programmeur confirmé pour créer des applications multimédia. De nombreuses applications Windows permettent de créer directement des documents multimédia. C'est ainsi que vous pouvez rédiger une lettre "parlante" ou définir dans Access une base de données pourvue d'images et de sons pour gérer par exemple une collection de CD.

Simulations

Le multimédia peut simuler la réalité. Au lieu de piloter un véritable avion, le pilote peut commencer par simuler ses vols sur ordinateur. Nombreux sont les domaines exploitant les simulations via le multimédia car cette solution fait économiser des frais considérables en minimisant les risques. La médecine, la navigation par air et par mer ou le domaine militaire en sont quelques exemples. Un autre type de simulation se rencontre dans le secteur de la planification urbaine. Avant de poser la première pierre d'une construction, on peut présenter et juger visuellement des conséquences de la future implantation. Le PC aide également à obtenir le meilleur résultat dans le domaine de l'aménagement intérieur où on insiste beaucoup sur la bonne organisation du mobilier.

Loisirs

Le son émis par un lecteur CD ou le clip musical renvoyé par une vidéo n'est pas comparable à ce qu'on obtient par le multimédia. Le multimédia fusionne en fait l'image et le son pour former un tout. Beaucoup de groupes musicaux n'hésitent plus à diffuser des CD multimédia. L'utilisateur dispose ainsi en même temps de musique et de vidéo, sans compter les interviews des chanteurs, le texte des chansons ou d'intéressantes informations inédites sur l'écran. Des musiques classiques telles les symphonies de Beethoven ou de Mozart et les chansons des Beatles sont disponibles sur CD multimédia.

Jeux

En matière du son et de l'image, le monde des jeux a toujours un point d'avance sur les autres. Il en va de même du multimédia. Les jeux interactifs permettent à l'utilisateur d'intervenir sur le déroulement de l'action. Il devient le héros principal de l'histoire qui défile sur l'écran sous forme d'un film. Des sons bien adaptés, la musique et les bruits de fond donnent la sensation réelle de vivre activement l'histoire. Et d'ailleurs, l'arrivée en force de la réalité virtuelle fera quelques miracles de plus dans ce secteur.

Reconnaître un PC multimédia

Quelques règles nécessitent d'être respectées avant d'acquérir un PC multimédia. En matière de logiciel, il convient comme d'habitude de choisir un produit compatible multimédia. Pour éviter des gaspillages inutiles, il faut opter pour un ordinateur MPC2. Adressez-vous à votre revendeur pour obtenir des informations précises.

Tous les périphériques sont intrégrés dans le PC

Le mutlimédia a pour but d'intégrer des informations de nature diverse sous la régie de l'ordinateur individuel. Ces informations peuvent être constituées d'images, de musique, de films, de sons, de voix, etc. Il semble donc évident qu'un PC classique s'avère totalement insuffisant pour satisfaire tous ces besoins. Il faut un matériel adéquat et un PC multimédia pour pouvoir exploiter pleinement cette nouvelle technologie. Mais il reste à savoir ce que fait exactement ce PC multimédia. On ne prend pas toujours au sérieux le vrai sens de ce terme. Parfois, un PC est présenté comme un outil multimédia de haute performance alors qu'il n'a rien de tel en fin de compte. Un ordinateur supportant Windows équipé d'une carte son et d'un lecteur CD-ROM peut d'ores et déjà être considéré comme un PC multimédia. Un standard, défini par les plus grands fabricants, a été mis au point pour se protéger tout simplement d'une mauvaise interprétation de la notion de PC multimédia. Il s'agit de la norme MPC. La norme ou le niveau MPC détermine les conditions préalables devant être remplies par un PC multimédia. Le standard en vigueur actuellement s'appelle MPC 2.

Conditions requises par un PC multimédia d'après le standard MPC 2

La configuration matérielle nécessaire à un PC multimédia pour répondre aux normes du standard MPC 2 est clairement établie. Voici les principaux critères que vous devez prendre en compte lors de l'achat d'un PC multimédia. Notez que ce sont là des conditions minimales et n'oubliez jamais que plus les composants électroniques sont de bonne qualité et mieux c'est.

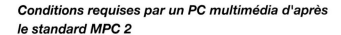

Principaux critères pour un PC multimédia à la norme Windows 95	
CPU/Processeur	Pentium 90 Mhz
Mémoire vive/RAM	8 Mo
Capacité disque	340 Mo
Carte graphique	800 * 600 65536 couleurs
Lecteur CD-ROM	300 Ko/s taux de transfert
Temps d'accès moyen	400 millisecondes
Audio/Carte son	Convertisseur numérique-analogique 16 bits

Carte son et lecteur CD-ROM : principaux composants d'un PC Multimédia

Tout le monde ne possède pas un PC multimédia à l'heure actuelle et chacun pense sans doute y ajouter tôt ou tard des composants supplémentaires. La description suivante vous aidera à tenir compte des critères lors de l'achat d'une carte son et d'un lecteur CD-ROM en faisant la part des choses parmi vos besoins.

A la lecture du tableau précédent, vous avez constaté que votre future carte son doit être équipée d'un convertisseur numérique-analogique 16 bits. Pour des raisons de simplicité, ce type de carte son est désigné plus brièvement par carte son 16 bits. La carte son doit posséder des ports pour un haut-parleur ou un casque, un micro, une chaîne hifi et un lecteur CD-ROM. Si vous envisagez de composer des morceaux musicaux sur PC, n'oubliez pas de vérifier la présence d'un port MIDI sur la carte son. Il pourra vous servir également à brancher un joystick. En guise d'accessoires, il vous faut des enceintes et un micro si vous avez notamment l'intention de manipuler le son et la voix. N'hésitez pas à demander au revendeur si tous les câbles nécessaires (câble MIDI, branchement de chaîne hifi) sont inclus dans l'achat.

Lecteur CD-ROM

En ce qui concerne le lecteur CD-ROM, il faut qu'il s'agisse au minimum d'un lecteur double vitesse opérant avec un taux de transfert de données de 300 Ko/s et un temps d'accès de 400 millisecondes. Ce lecteur doit être conforme au standard DA (Digital Audio) pour que vous puissiez jouer des CD musicaux c'est-à-dire des CD audio. C'est encore mieux d'opter pour le standard XA (Extended Architecture) qui permet de manipuler indifféremment des données audio et des données informatiques. Il faut enfin que le lecteur CD-ROM soit compatible Kodak Photo CD pour que vous puissiez quand même développer sur Photo CD les photos que vous avez si soigneusement tirées et les admirer sur votre PC.

Ce qui existe déjà : les cartes vidéo

Une autre mode qui fait fureur à l'ère du multimédia consiste à lire et modifier les signaux vidéo sur PC. Les cartes vidéo nécessaires pour mener à bien cette opération ne sont pas fournies de base par le fabricant du PC mais cela n'est plus qu'une question de temps. Si les cartes vidéo représentaient autrefois un investissement futile pour l'utilisateur classique, elles sont devenues aujourd'hui un composant intéressant y compris pour l'utilisateur à domicile en raison de leurs prix en baisse constante. Il existe toutes sortes de cartes vidéo. Les plus simples permettent d'utiliser l'écran PC comme un téléviseur, d'autres transforment l'ordinateur en un studio de cinéma numérique où vous pouvez éditer, couper et manipuler à volonté les séquences. Quant aux conditions requises par le reste du matériel, elles ne sont pas des moindres.

Conseils utiles pour une utilisation intelligente du PC multimédia

L'univers multimédia s'ouvre à vous maintenant que vous disposez d'un PC multimédia. Rien ne vous empêche de vous précipiter sur les produits multimédia du marché. Mais très vite, les doigts de certains parmi vous vont commencer à démanger et ils auront envie de développer leurs propres applications multimédia et découvrir les techniques fascinantes qui s'offrent à eux. C'est la raison pour laquelle les quelques indications suivantes montrent ce que vous pouvez réaliser d'ores et déjà avec un PC muni d'une carte son.

Créer des sons sous Windows

La carte son et le micro permettent de générer rapidement et confortablement des sons. Windows fournit le logiciel adéquat sous le nom Enregistreur de sons. C'est ainsi que vous pouvez par exemple utiliser votre voix (au démarrage de Windows) ou la sonnerie de votre réveil pour annoncer un message d'erreur Windows. Intégrez vos sons à l'aide du Panneau de configuration de Windows. Un câble audio que vous branchez à votre chaîne hifi ou à un magnétophone permet d'enregistrer des morceaux musicaux que vous manipulez ensuite à votre guise ou que vous mélangez avec votre voix ou tout autre son.

La lettre multimédia

Un texteur ne sert pas seulement à taper au clavier des lettres mais aussi à rédiger des documents multimédia - à condition que le texteur soit compatible OLE. Enregistrez par exemple votre voix avec un micro et insérez votre message sous forme d'un objet dans le passage de texte concerné. Peut-être devrez-vous ajouter quelques lignes de texte et voilà votre lettre multimédia fin prête.

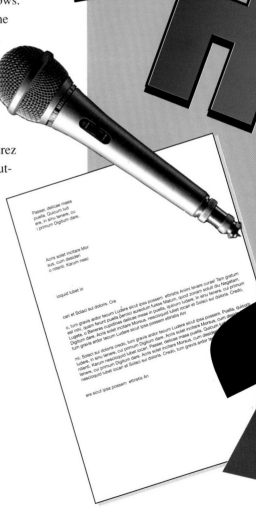

PC multimédia – Compléter le matériel ou opter pour un nouvel achat?

Vous êtes bel et bien décidé à acquérir un PC multimédia mais vous balancez entre deux éventualités : faut-il compléter le matériel existant ou mieux vaut acheter un PC entièrement nouveau ? Plusieurs facteurs entrent ici en jeu sans oublier l'aspect financier. Si le matériel existant est par exemple déjà obsolète (tel un PC 386), dans ce cas il ne faut pas hésiter à passer directement à un système plus performant doté des capacités multimédia vu que les exigences en matériel tendent indéfiniment à augmenter. Mais si vous disposez déjà d'un PC type 486 DX, la meilleure décision consiste à ajouter les composants manquants. Mais avant d'opter pour l'un ou l'autre choix, consultez dans tous les cas les offres faites par les fabricants et déterminez l'alternative idéale pour vous avec une calculatrice à la main.

Messages de répondeur téléphonique

Les textes monotones, longs et ennuyeux des messages sur répondeur téléphonique finissent par énerver le correspondant, n'est-ce pas ? Pensez à exploiter les techniques de la carte son sous Windows si vous possédez un répondeur et si vous souhaitez faire plaisir à vos appelants. Enregistrez le texte avec un micro e ajoutez des sons ou de la musique à l'aide du module Magnétophone de Windows 95.

Album de photos

Un lecteur CD-ROM compatible Kodak Photo CD et un logiciel adéquat permettent de transformer le PC en un album de photos. Au lieu de laisser vos photos de vacances sur papier, développez-les sur Photo CD puis faites des manipulations à votre guise : changez le format d'affichage à l'écran, imprimez les photos ou insérez ces dernières dans les documents que vous élaborez sous un texteur ou un programme graphique.

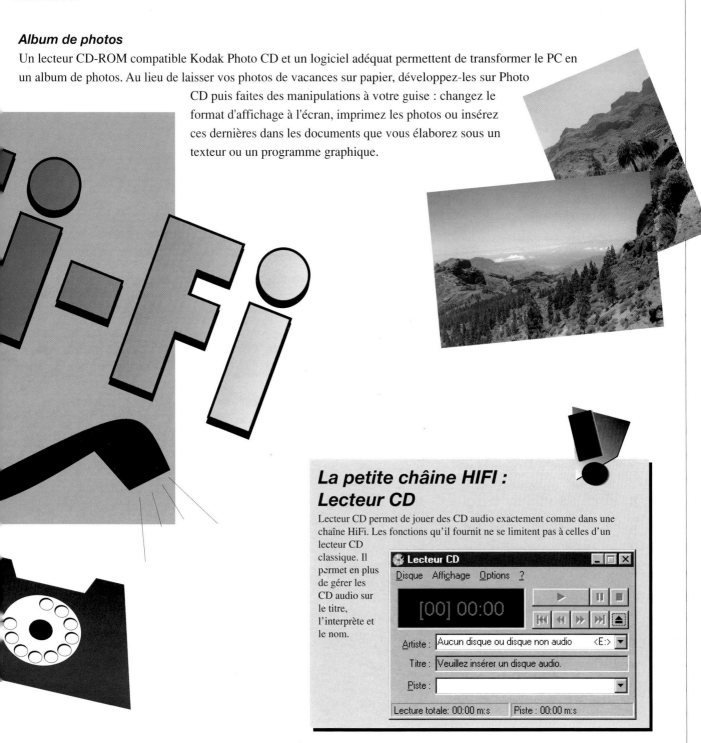

La petite châine HIFI : Lecteur CD

Lecteur CD permet de jouer des CD audio exactement comme dans une chaîne HiFi. Les fonctions qu'il fournit ne se limitent pas à celles d'un lecteur CD classique. Il permet en plus de gérer les CD audio sur le titre, l'interprète et le nom.

Lecteur CD

Disque Affichage Options ?

[00] 00:00

Artiste : Aucun disque ou disque non audio <E:>

Titre : Veuillez insérer un disque audio.

Piste :

Lecture totale: 00:00 m:s   Piste : 00:00 m:s

Kodak Photo CD

Tôt ou tard vous vous posez la question suivante : que faire de ces milliers de photos et albums surtout qu'il n'y a plus de place sur les étagères pour les ranger ? Parfois, les photos ternissent dans des caisses au grenier, parfois elles ne sont même pas développées ni jamais admirées. La photographie obtient une nouvelle dimension avec Kodak Photo CD. Ce procédé inventé par Kodak permet de lire sur PC les photos prises par un appareil photo classique. Au lieu d'être développés sur papier ou sur diapositives, les clichés sont archivés sur CD-ROM. Les avantages de ce procédé sont nombreux : les photos numérisées peuvent être remaniées à volonté sur PC, les albums aux pages interminables appartiennent désormais au passé. Donnez libre cours à votre imagination qui n'a plus de limites sur PC. Concevez directement sur PC une animation avec des diapositives en jouant avec les effets ou préparez une carte d'anniversaire en y incluant la photo de votre enfant.

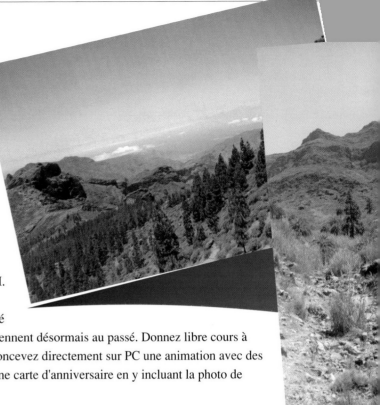

Logiciel de traitement d'image

Les images numérisées ne révèlent leurs pleins pouvoirs que si elles sont remaniées. Vous devez disposer d'un logiciel adéquat capable de traiter les images quel que soit le contexte : concevoir une carte de vœux ou d'anniversaire originale, inclure les photos des membres du club sportif ou générer une animation multimédia. Un logiciel de traitement d'image permet de faire varier les couleurs, pivoter les images, appliquer un effet miroir ou couper certaines parties de l'image. Des logiciels à caractère professionnel tels que Photoshop ou Photostyler n'entrent pas en ligne de compte pour un usage à domicile. A côté des programmes fournis par Kodak avec les lecteurs CD-ROM, l'utilisateur particulier peut dénicher des programmes intéressants dans le monde shareware. La première place est occupée ici par Paintshop Pro et GraphicWorkshop pour Windows. Avec CorelDraw et le programme Photo Paint, vous n'avez aucune raison de vous plaindre.

Depuis le cliché jusqu'à la photo sur PC

Le chemin à parcourir depuis le cliché jusqu'à la photo sur l'écran PC n'est pas difficile. Vous devez disposer d'un lecteur CD-ROM conforme au standard Kodak Photo CD, soit le standard XA (eXtended Architecture). Le lecteur CD doit être compatible multisession pour pouvoir lire depuis le CD par exemple un film de 24 images puis après d'autres photos sous d'autres sessions à un rythme de 100 photos par CD. Comment les images arrivent-elles sur le CD ? Vous pouvez développer directement un film sur CD. De nombreux labos photos Kodak offrent ce service. Le matériel photographique se trouve ainsi sous forme numérisée sur le CD. Par exemple, le logiciel Kodak Access donne une idée des photos reproduites sur CD. Il ne vous reste plus qu'à trier les photos et à les inclure dans votre carte d'anniversaire de conception purement originale.

Inclure une photo dans une carte d'anniversaire personnalisée

La numérisation des photos présente de nombreux avantages. Kodak Photo CD met par exemple fin à la collection ennuyeuse d'albums photos. Désormais, les photos peuvent être visionnées sur ordinateur agrémentées d'effets spéciaux en tous genres et animées par des sons et de la musique. L'atout majeur de la numérisation des photos réside dans la capacité à les remanier sur PC. Vous pouvez par exemple inclure votre photo préférée dans la carte d'anniversaire que vous avez conçue avec le texteur. Vous pouvez insérer les photos de votre choix dans le document si le texteur reconnaît le format Kodak. Dans le cas contraire, vous devrez convertir la photo Kodak en un format compréhensible par les programmes Windows, notamment TIFF ou PCX. Effectuez la conversion avec le logiciel Kodak Access ou avec le programme shareware Graphic Workshop pour Windows. N'oubliez jamais que les photos occupent beaucoup d'espace. Le mieux est de recourir aux formats basse résolution du CD.

Les photos sont gourmandes en espace disque

Vu l'extraordinaire diversité des couleurs, les photos comptent parmi les documents les plus friands en mémoire. Conséquence : une photo de haute qualité peut bloquer un long moment le PC tout entier dès la phase de chargement du CD. C'est la raison pour laquelle une photo Kodak Photo CD intègre plusieurs résolutions, depuis les 128 x 192 pixels jusqu'aux 1024 x 1536 et 2048 x 3072 pixels en passant par 256 x 384 pixels. Notez que plus la résolution est élevée et meilleure sera la qualité de l'image et le besoin en mémoire sera d'autant plus important. Avant de remanier une photo, réfléchissez toujours sur la qualité dont vous avez réellement besoin.

Vidéo et télévision sur PC

Des films vidéo complets sur PC ? Regarder les infos sur le moniteur tout
en écrivant son texte ? De nouvelles perspectives continuent de s'ouvrir avec
la croissance effrénée des capacités du PC. Le PC intègre désormais tous les
périphériques. Il agit en maître d'oeuvre pour communiquer les informations. Par
exemple sous l'expression "Martin Luther King", vous obtenez directement
l'affichage de son célèbre sujet "I have a Dream" stocké dans un lexique
multimédia fourni sur CD. La communication d'informations ne peut être ni plus
riche ni plus explicite que cela. Ou encore, le PC - une fois équipé de la carte
vidéo adéquate - devient un véritable studio cinématographique permettant de
couper vos propres clichés et de les animer par des sons. Desktop Video, voici un
nouveau mot-clé qui fait son introduction dans le monde PC.

Les domaines d'application de la vidéo sur PC

La vidéo sur PC ouvre des horizons complètement nouveaux. Quelques exemples sont
révélateurs : conférences multimédia, séminaires interactifs, présentations commerciales en
vidéo, etc. Pour un usage privé, on peut évoquer le traitement vidéo classique sur PC mais aussi
les techniques révolutionnaires de traitement de l'information. Les banques de données vidéo ne
manquent pas, on peut y consulter des sujets scientifiques, des encyclopédies multimédia, etc.

Des extensions électroniques spécifiques, comme une
carte vidéo, sont requises pour pouvoir jouer sur PC
les données analogiques d'une caméra vidéo,
d'une cassette vidéo ou pour regarder les émissions
de télévision sur le moniteur du PC.

Les cartes vidéo agissent à deux niveaux : elles
convertissent les signaux analogiques en
données numériques.
Mais il faut simultanément compresser les
données en raison de l'énorme besoin en
mémoire des données vidéo animées avec des
sons. Des puces spécifiques sont implémentées
spécialement à cet effet sur les cartes vidéo.

Traitement Vidéo

Le Desktop Video représente l'une des principales applications situées au coeur du multimédia. Par analogie à la notion de Desktop Publishing - publication assistée par ordinateur - on désigne par Desktop Video le traitement vidéo et télé assisté par ordinateur. Dans le meilleur des cas, vous pouvez retraiter directement sur votre PC un film intégral.

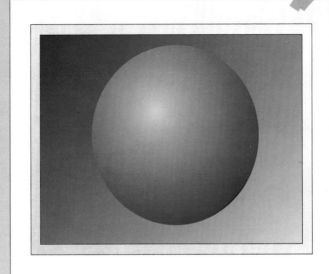

Les films vidéo une fois numérisés peuvent être enregistrés sur le disque dur. Les images vidéo accompagnées de son - à savoir les données audio - peuvent être enregistrées sur PC sous un format standard. Microsoft a établi pour cette circonstance le standard Audio Video Interleave. AVI désigne le format des clips numérisés prêts à l'emploi.

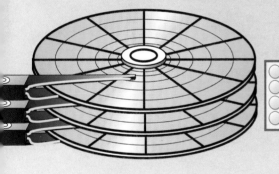

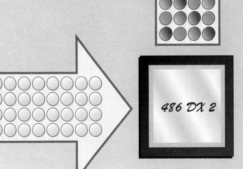

486 DX 2

La restitution sur le moniteur du PC est régie par le processeur. Des logiciels vidéo particuliers - le plus classique nommé Video pour Windows est fourni avec la plupart des applications vidéo - permettent de reproduire des séquences de films. Sous Windows, les AVI sont joués dans une fenêtre (320 x 240 pixels).

Atouts de la vidéo numérique

Les films vidéo sont généralement des informations analogiques stockées sur une bande vidéo. Mais pour modifier des vidéos analogiques, il faut disposer d'appareils spéciaux fort coûteux. On sait aussi qu'il est très difficile dans cette circonstance de prêter ses vidéos à d'autres personnes en sachant que chaque copie de la bande vidéo altère grandement la qualité. En revanche, une vidéo numérique comporte d'innombrables avantages. Dès lors que le support vidéo est converti en zéros et en uns universellement connus, bref dès qu'il est numérisé, il peut être copié sans difficulté dans un texte : vous pouvez agrémenter votre message d'une petite vidéo où vous donnez une sérénade pour l'anniversaire de votre enfant. Un autre avantage est qu'un film vidéo numérique ne perd en rien de sa qualité malgré tous les traitements que vous pouvez lui faire subir.

Attention aux droits de reproduction

L'une des techniques particulièrement intéressantes en matière de traitement des images vidéo et des enregistrements télé réside dans la capacité à découper la séquence d'images pour les stocker ensuite comme des images indépendantes. Tout est à votre portée, les stars, les paysages, les films - une source d'images intarissable. La seule contrainte c'est qu'il ne faut utiliser ces images que pour des besoins privés. Pour un usage professionnel, il ne faut surtout pas enfreindre les droits de reproduction.

Ce qu'apporte en plus une carte d'acquisition ou de lecture vidéo

Avant de pouvoir vous émerveiller devant le monde fascinant du cinéma et de la télévision sur votre PC, vous devez ajouter une extension électronique nommée carte vidéo. Elle agit à différents niveaux : elle convertit tout d'abord des signaux analogiques en informations numériques car un PC ne peut comprendre que des zéros et des uns. Cette conversion est un processus très complexe nécessitant un matériel vidéo capable de convertir les données sans altérer ni la qualité de l'image ni les couleurs. En même temps, il faut réduire les gigantesques quantités d'informations pour que le PC puisse les traiter. Une puce spécifique est présente sur la carte vidéo pour mener à bien cette compression. Les procédés de compression largement répandus acutellement se nomment Motion JPEG et IndeoVideo. Une technique de compression consiste à diminuer le nombre des couleurs. Les quantités de données peuvent être réduites également : au lieu de recalculer entièrement l'image lors d'un changement d'image, le programme n'exécute l'action que sur les parties ayant subi des modifications. Sur le PC, une séquence d'images vidéo défile à raison de 15 à 30 images par seconde. Pour pouvoir jouer des images vidéo et des images télé sur le moniteur, une partie de l'image informatique est tronquée et donc laissée en noir. C'est dans cette portion qu'est affichée l'image télé ou vidéo. Cette technique porte le nom de Overlay. Elle coordonne simultanément les diverses fréquences émanant de l'image télé et de l'image sur le moniteur. La fréquence de rafraîchissement d'une image vidéo ou télé atteint normalement 50 demi-images par seconde. Pour obtenir un affichage clair et net - comme celui d'un texteur - on doit travailler avec plus de 70 demi-images. La carte vidéo s'occupe de bien gérer les différences de fréquence entre les images.

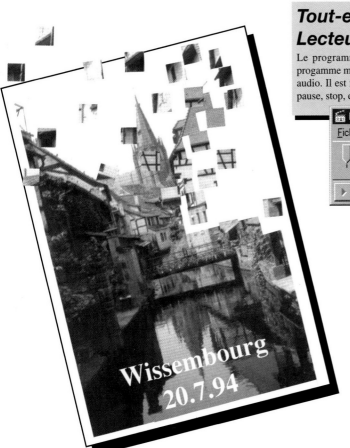

Wissembourg 20.7.94

Tout-en-un :
Lecteur multimédia

Le programme Lecteur multimédia englobe tous les talents dignes d'un progamme multimédia par excellence. Il permet de lire des vidéos, sons ou CD audio. Il est facile à utiliser et ne dispose que des principales fonctions (start, pause, stop, etc.).

Video pour Windows

Avant d'investir une somme importante dans l'achat d'un logiciel vidéo sophistiqué, demandez-vous si Video pour Windows peut vous convenir. Microsoft a établi un format standard pour les clips vidéo numériques sous le nom de Audio Video Interleave ou AVI en abrégé. Windows est équipé de base d'un lecteur multimédia permettant entre autres de jouer des vidéos sur PC. Les fonctions de Video pour Windows s'avèrent amplement suffisantes pour manipuler des supports vidéo.

Télévision en couleur sur PC

Rien de plus facile que de regarder les images de la télé sur le PC. Equipez le PC d'une carte vidéo à laquelle vous raccordez l'antenne télé. Et voilà que le monde diversifié de la télé devient disponible sur le PC. Toujours est-il que la simple observation des images télé sur le moniteur PC finit à la longue par devenir ennuyeuse sans compter que la taille importante d'un écran télé procure plus de plaisir que la petite image (320 x 240 pixels) défilant dans la fenêtre Windows. Connecter la télé sur le PC semble une solution intéressante car les chaînes de télévision représentent une source d'images inépuisable. Les stars, les paysages, les vidéos publicitaires et les clips musicaux peuvent être copiés sur PC et réutilisés pour créer des cartes originales. Un logiciel vidéo permet notamment de séparer les différentes images d'une séquence de façon à les manipuler une à une.

Renoncer à la mémoire virtuelle

La mémoire vive ne sera jamais suffisante - c'est l'une des règles de base du travail sur PC. Et cette règle d'or n'exclut pas le domaine du traitement vidéo sur PC. Une mémoire vive de 16 Mo représente pour ainsi dire la valeur minimale vu les gigantesques masses de données qui circulent dans ce contexte. Dans tous les cas, vous ne devez accéder à la mémoire virtuelle qu'en cas de force majeure. Un traitement vidéo utilise simultanément toutes les données - informations sur les couleurs et les sons - ce qui réduit la vitesse d'exécution du logiciel lors du transfert des données vers le disque.

Logiciel de montage

L'achat d'un logiciel vidéo particulier s'avère indispensable si vous désirez manipuler vos vidéos personnelles sur le PC. Ce logiciel permet de reproduire fidèlement le studio de montage digne d'un studio de télé ou de cinéma. Ce type de logiciel est pourvu de tous les outils et de toutes les fonctions intervenant dans ce travail. Par exemple, un éditeur de scénarios aide à préparer, couper et remettre en ordre les scènes voulues. La séquence des scènes et les effets spéciaux sont arrangés dans l'éditeur de scénarios. Les films prennent un caractère purement professionnel lorsqu'ils sont dotés de titres et de séquences de coupures spécifiques. Un bon logiciel vidéo doit fournir les fonctions nécessaires pour satisfaire ces conditions. Il faut aussi que ce logiciel permette d'animer les séquences par des sons. Le produit servant actuellement de référence en ce domaine s'appelle Adobe Premiere. MediaMerge ou Splice sont eux aussi de bons logiciels vidéo. Quel que soit le logiciel choisi, vous devez posséder un PC haut de gamme et surtout beaucoup de temps. Il faut du temps pour maîtriser le logiciel vidéo et du temps pour couper et animer les séquences sur PC. De courtes séquences commencent d'ores et déjà par saturer le PC. Par conséquent, il ne faut pas hésiter à découper le film complet en plusieurs petites séquences.

Configuration requise pour le traitement vidéo

La nécessité de disposer d'une configuration matérielle de haut niveau est l'une des raisons pour lesquelles le PC a eu du mal à s'imposer comme un instrument idéal pour regarder la télé et traiter les images vidéo. Il faut un PC hautement sophistiqué pour pouvoir manipuler à volonté des images vidéo. Le mieux est d'avoir un Pentium pourvu de beaucoup de mémoire vive. 8 Mo s'avèrent ici ridicules : l'idéal serait un PC équipé de 16 Mo ou même 32 Mo. Par ailleurs, il faut un disque dur extrêmement gros - au moins 1 Go (soit 1000 Mo) - pour pouvoir enregistrer ses clips préférés. Ne pas oublier non plus un bon moniteur avec une carte graphique rapide et une carte vidéo adaptée. Ces cartes sont en général faciles à installer. Pour terminer, il faut un logiciel spécialement destiné à couper et à animer les vidéos.

Le PC comme une boîte à rythme

On allume l'ordinateur et on a le plaisir d'entendre un gentil "Bonjour". Une musique douce se joue en tâche de fond pendant qu'on rédige son texte. On se met au clavier pour composer des morceaux de musique. A l'ère du multimédia, le PC évolue de plus en plus comme un jukebox. De quoi a-t-on besoin pour arriver à cette fin ? A vrai dire, rien d'important. La condition préalable à ce que les fameux zéros et uns deviennent des notes de musique est de posséder une carte son et des enceintes pour émettre le son. Une carte son est une extension implémentée sur le PC. Elle s'occupe d'enregistrer ou de restituer des bruits en tous genres y compris la musique et la voix. C'est ainsi que des signaux analogiques, comme ceux émis par notre voix, sont convertis en données numériques compréhensibles par l'ordinateur et inversement.

D'où viennent les sons?

De nombreuses méthodes permettent de numériser les sons avec une carte son. La technique la plus connue consiste à utiliser un magnétophone et un micro. Une autre méthode se base sur les ports de la carte son pour connecter par exemple la chaîne hifi ou le lecteur CD-ROM afin de lire des sons. Le procédé mis en oeuvre ici, en l'occurrence une conversion analogique-numérique, s'appelle "échantillonnage" dans le jargon informatique.

Enregistrer une voix avec un micro

Un micro permet en principe de transformer en ondes tout les bruits qui nous entourent. Le micro est le meilleur instrument permettant de numériser par exemple votre voix ou la sonnerie du réveil. C'est pourquoi, la plupart des cartes son possèdent un connecteur dédié au micro.

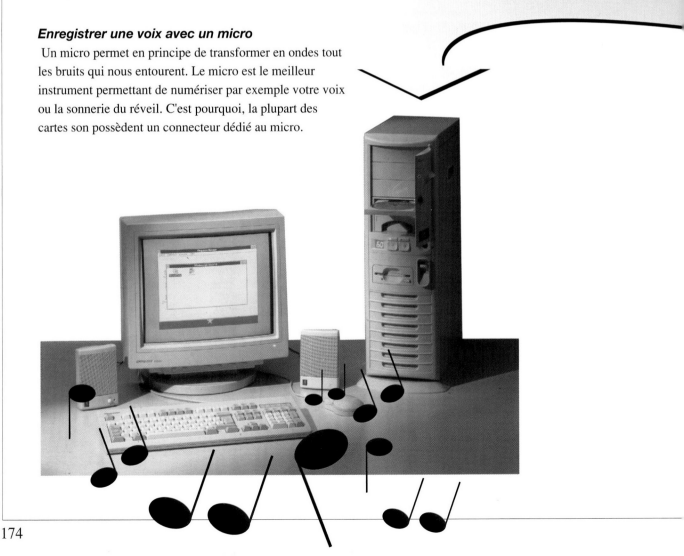

Connexion du PC à la chaîne HIFI

Recourir à un micro ne représente pas la solution idéale pour enregistrer sur PC une musique d'ambiance qui peut être par exemple votre morceau préféré. Le plus grand danger qui réside ici est que des bruits désagréables (la sirène de la voiture de police qui passe juste à ce moment précis) altèrent l'enregistrement. C'est pourquoi il est conseillé de choisir la voie directe en raccordant la chaîne hifi à la carte son. Ce dont vous avez besoin ici se limite à un câble adéquat généralement fourni avec la carte son. Branchez d'une part ce câble au port entrée de la carte son (Line in) et d'autre part au port sortie de la chaîne (Line out). Evitez d'utiliser un casque non réglable ou la sortie haut-parleur car vous risquez d'obtenir un résultat fort médiocre. Ce signal est en effet excessivement puissant et génère un vacarme désagréable à l'oreille.

Le PC en tant que chaîne HIFI

Le lecteur CD-ROM interne au PC ne sert pas seulement à lire des données. Il permet aussi de jouer des CD audio. La seule condition est de raccorder le lecteur CD-ROM à la carte son. Une fois cette condition remplie, il faut connecter la carte son (Line in) à la sortie casque du lecteur (avec un volume aussi bas que possible) ou relier directement le lecteur aux hauts-parleurs de la carte son.

Attention! Rien ne fonctionne sans logiciel

Bravo si vous avez rempli toutes les conditions matérielles demandées mais n'oubliez pas d'installer le logiciel adéquat si vous voulez effectuer des enregistrements avec un micro, une chaîne hifi ou un lecteur CD-ROM. Un ensemble de logiciels complets est en général fourni avec la plupart des cartes son. La carte SoundBlaster est livrée par exemple avec un programme nommé Voice Editor servant à effectuer des enregistrements. L'utilisateur Windows n'est pas non plus en reste car il dispose du module Enregistreur de sons depuis la version 3.1. Ce module permet d'enregistrer n'importe quelle source sonore via un micro, le port Line In ou le lecteur CD-ROM interne.

Quand le micro est inadapté à la carte son

Le branchement réservé au micro sur la carte son est en général un connecteur de 3,5 mm. De nombreux micros, surtout les micros sophistiqués, sont équipés d'un connecteur de 6,35 mm. Dans ce cas, il faut ajouter un adaptateur qui est vendu dans tous les magasins spécialisés. Ce n'est pas un objet qui peut vous ruiner.

NOTE

L'Enregistreur de sons s'appelle le Magnétophone sous Windows 95.

Générer des sons avec un micro et le Magnétophone de Windows

Un micro et le module Magnétophone de Windows permettent d'enregistrer des sons en tous genres. Enregistrez votre propre voix et utilisez-la ensuite pour égayer les messages Windows ou enregistrez un texte pour le répondeur téléphonique.

Marche à suivre pour enregistrer

1. Raccordez le micro à la carte son (port entrée du micro).
2. Définissez votre méthode de travail. Si le texte à enregistrer est long, notez-le sur un papier pour éviter par la suite des oublis.
3. Cliquez sur le bouton symbolisé par un micro pour démarrer l'enregistrement.
4. Cliquez sur Arrêt lorsque vous avez fini d'enregistrer.
5. Ouvrez le menu Fichier et cliquez sur Enregistrer sous.
6. Donnez un nom évocateur et confirmez par OK.
7. Cliquez sur le bouton Lecture pour écouter et contrôler le texte.

Fichier son sur magnétophone

Maintenant que vous avez finement composé un morceau musical sur PC, vous avez hâte de l'écouter avec votre auto-radio. Vous devez restituer auparavant le fichier sur bande à l'aide d'un magnétophone. Et comment ? L'affaire est simple : avec le câble (qui a servi à effectuer l'enregistrement avec la carte son), raccordez le port haut-parleur de la carte son au port entrée (line in) du magnétophone. Réglez le volume de la carte son (pas trop fort !), mettez le magnétophone en mode enregistrement et activez le fichier son. Vérifiez la qualité du son à l'aide d'un casque que vous aurez branché sur le magnétophone.

Avec ce menu, effectuez les opérations habituelles de gestion des fichiers

Ce menu vous permet de créer des effets variés

Consultez l'aide pour comprendre l'usage des différentes commandes

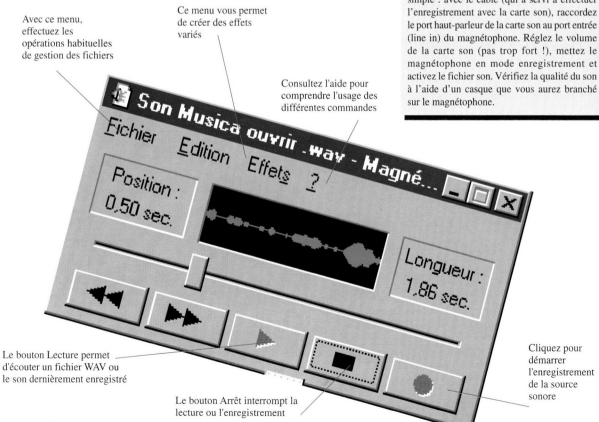

Le bouton Lecture permet d'écouter un fichier WAV ou le son dernièrement enregistré

Le bouton Arrêt interrompt la lecture ou l'enregistrement

Cliquez pour démarrer l'enregistrement de la source sonore

Éditer un enregistrement

L'Enregistreur de sons permet d'effectuer et d'éditer des enregistrements à l'aide de deux menus.

Menu Édition

Les commandes du menu Edition permettent d'insérer des fichiers son dans le fichier que vous venez de créer, de mixer ou de supprimer des extraits dans votre fichier (pour éliminer par exemple des bruits superflus).

Menu Effets

Ce menu permet d'agrémenter le fichier son avec des effets. Le volume peut être augmenté ou diminué, la vitesse peut être modifiée. Un écho peut être ajouté dans le fichier son, l'enregistrement peut être inversé c'est-à-dire joué dans le sens inverse.

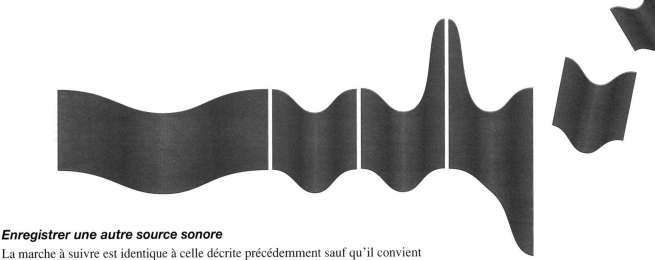

Enregistrer une autre source sonore

La marche à suivre est identique à celle décrite précédemment sauf qu'il convient d'effectuer quelques préparatifs. Le logiciel doit être mis au courant de la source sonore dont il s'agit. La plupart des cartes son sont fournies avec un logiciel Windows permettant de spécifier la source sonore : micro, lecteur CD-ROM ou entrée Line In. Le programme associé à la carte SoundBlaster s'appelle SoundBlaster (Pro) Mixer. Activez ce programme et définissez les paramètres par simple clic.

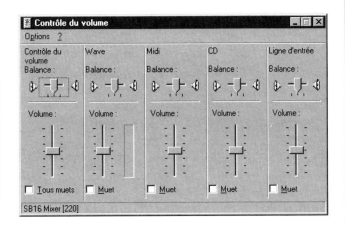

La centrale des boutons : Contrôle du volume

Comme l'indique son nom, Contrôle du volume a pour rôle de régler le volume de l'application multimédia ou de la source sonore (volume général, CD audio, Line-In, fichier Wave, etc.). Pour agir sur le volume général, vous pouvez très bien cliquer sur l'icône du haut-parleur affichée dans la barre des tâches. Vous obtenez ainsi l'indicateur de réglage du volume.

Studio d'enregistrement musical

Musique Hip Hop, Techno ou Disco - tout ce qu'on entend aujourd'hui dans les radios et qui arrive au top du hit-parade n'est plus le fruit, depuis déjà longtemps, du "travail manuel" du musicien accompli. Le PC a fait son introduction dans les studios d'enregistrement et dans les maisons de disque. Les avantages sautent aux yeux : plus besoin de recourir à une troupe de musiciens chevronnés quand on a un clavier, un PC, une carte son moderne et un logiciel adéquat. De même, il devient superflu de passer des heures dans un studio d'enregistrement vu que les performances en matière d'arrangement des sons se perfectionnent sans arrêt. Ces différents aspects ont conduit à établir un standard dans le domaine du traitement musical sur PC. Ce standard s'appelle MIDI qui est l'abréviation de Musical Instrument Data Interface. MIDI désigne la norme adoptée par l'ordinateur pour communiquer avec les instruments de musique électroniques.

Que représente la norme MIDI ?

En tant qu'utilisateur de Windows disposant d'une carte son, vous avez certainement remarqué que certains fichiers son se terminent par l'extension MID. Vous avez aussi constaté que ces fichiers produisent des sons différents selon la carte son installée sur votre PC. Cela s'explique par le fait qu'il s'agit là de fichiers MIDI. Ces fichiers renferment d'innombrables fonctions commandant la restitution des sons. A la différence des fichiers WAV qui possèdent leurs propres sons, les fichiers MIDI accèdent aux sons du matériel existant c'est-à-dire la carte son ou un clavier compatible MIDI. En bref, les fichiers MIDI indiquent au créateur du son comment, quand et quel son va être généré. Et c'est ainsi que sont créés des sons en tous genres. Par exemple, un clavier permet de reproduire fidèlement tous les instruments d'un orchestre : instruments à cordes, à vent, batterie, guitarres, etc. Pour composer sérieusement de la musique, vous n'avez plus besoin d'apprendre à jouer de tous les instruments.

MIDI pour créer un studio acoustique numérique

Répétons encore une fois que les techniques offertes par MIDI, si elles sont exploitées intelligemment, permettent de créer un véritable studio d'enregistrement musical numérique à condition d'être équipé correctement.

A la recherche d'un clavier !

Prenez quelques précautions avant de choisir un clavier ou un synthétiseur que vous pensez utiliser pour composer des morceaux musicaux sur PC à l'aide d'un séquenceur. La première condition est de vérifier l'existence d'un port MIDI sur le clavier qui permet de le raccorder à la carte son. Soyez également sûr que le clavier choisi est un clavier polyphone capable de jouer et traiter simultanément plusieurs sons (par exemple batterie, clavier, basse). Un synthétiseur qui n'est pas en mesure d'assurer cette polyvalence est un synthétiseur monophone. Il ne peut pas jouer plus d'un son à la fois. Cela veut dire qu'il permet d'enregistrer plusieurs pistes différentes, soit un morceau musical en entier, mais sachant que chaque piste est réglée sur le même son.

Le bon matériel

Le matériel utilisé doit être compatible MIDI. Autrement dit ce matériel doit se composer, PC mis à part, d'une carte son ayant un port MIDI (les cartes son modernes possèdent en général ce port) ainsi que d'un périphérique d'entrée compatible MIDI à raccorder avec la carte son. Il peut s'agir d'un clavier, d'une guitare avec un port MIDI ou n'importe quel instrument configuré pour MIDI. Il faut par ailleurs des enceintes permettant d'écouter la musique qui vient d'être composée.

Le bon logiciel

Disposer d'un matériel adéquat c'est franchir déjà un pas important en direction du studio d'enregistrement numérique. Il ne manque plus que le logiciel. Rares étant les musiciens pouvant se contenter de jouer de leurs instruments dans un studio classique, il faut encore que le travail d'équipe soit mis sur disque. Et c'est dans ce but qu'il existe ce qu'on appelle des séquenceurs dans le domaine PC.

Qu'est-ce qu'un séquenceur ?

A l'époque où apparut la musique rock, on avait coutume de voir les musiciens jouer tous ensemble chacun ayant leur propre micro à disposition. Mais le grand inconvénient pour les musiciens était qu'ils devaient tout reprendre depuis le début dès qu'un des membres du groupe faisait une erreur. Au cours du temps, on fit la découverte des machines à bandes sonores permettant d'enregistrer (presque) chaque instrument séparément. Les bandes sonores se composent de plusieurs pistes différentes où chaque instrument peut être associé à une piste distincte par le biais du micro. En cas d'erreur, cette méthode permet non seulement de rejouer la piste concernée (ou un petit passage) mais de stocker tous les enregistrements les uns après les autres. Les séquenceurs fonctionnent en principe comme des machines à bandes sonores : ils peuvent affecter une piste différente à chaque instrument et enregistrer au fur et à mesure chaque instrument (guitare, batterie, basse, etc.) via le clavier ou le synthétiseur. Un support de stockage tel que le disque dur remplace les bandes acoustiques. Vous vous demandez sans doute où réside l'intérêt par rapport à une bande acoustique ? Les séquenceurs ont l'avantage de pouvoir stocker les données de façon numérique, un facteur qui révèle ses atouts dans la qualité d'enregistrement (surtout dans le domaine professionnel). A la différence d'une bande acoustique, un support de stockage numérique se conserve longtemps sans que la qualité ne soit altérée. Un autre atout majeur des séquenceurs réside dans leurs capacités à retraiter l'information. Une note mal jouée n'a plus besoin d'être rejouée manuellement puisqu'elle peut être corrigée sur l'écran. Avec la souris, on déplace les notes, on règle la tonalité, on corrige la frappe d'une corde.

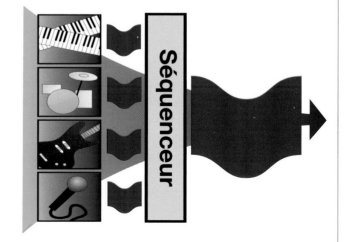

Séquenceur

Animation sur PC

Les animations - tout le monde en a déjà vu au cinéma ou à la télévision. Les animations aident à créer des effets spéciaux qui ne sont pas réalisables avec les procédés classiques du cinéma. Les animations sont générées par l'ordinateur. Après avoir appliqué des effets fantastiques aux images et dessins, les objets sont mis en mouvement permanent et agrémentés par des sons bien choisis.

La conception d'animations sur un PC est une opération exécutable aisément à condition de disposer du bon matériel. Les champs d'application des animations sont multiples et variés. Elles servent à faire passer des slogans publicitaires ou à communiquer des annonces commerciales, à créer des documentaires ou des bandes dessinées ou à concevoir de nouvelles formes artistiques comme par exemple l'art vidéo. De nouvelles perspectives s'ouvrent pour le PC dans le domaine non-professionnel. Les utilisateurs s'amusent tout simplement à réaliser des animations à leur gré en jouant avec les effets spéciaux.

Créer des animations

Un logiciel spécial est requis pour créer des animations. Une animation se compose de trois éléments principaux. 1. Le premier est l'acteur, la partie de l'animation qui produit des mouvements. Vous devez par exemple dessiner un objet avec un programme de dessin, soit une balle de tennis. Pour que cette balle puisse bouger sur l'écran, vous devez charger le programme d'animation afin de définir les paramètres de déplacement de la balle. Vous pouvez déterminer la direction du déplacement, la vitesse de la balle ou la hauteur du rebondissement. 2. Une balle de tennis évolue normalement sur un court de tennis. Ce court pourrait représenter l'arrière-plan de votre séquence. Utilisez un logiciel d'animation pour préparer l'arrière-plan. 3. Il faut enfin animer la séquence avec de la musique ou du texte. Le programme d'animation utilisé s'occupe de coordonner tous les éléments et de les adapter les uns aux autres.

Raytracing - un effet fantastique

Les programmes de raytracing ont apporté une innovation dans le monde des animations sur PC. Les objets 3D - exemple une sphère - générés par ces programmes sont absolument fidèles à la réalité. Une sphère n'est pas un simple schéma griffonné à l'aide du PC mais c'est au contraire une véritable interface faisant reluire les métaux, l'or ou l'argent, dotée d'une couleur semblable à la couleur réelle et faisant réfléchir les ombres. Lors du raytracing, le PC dessine un rayon lumineux imaginaire depuis une caméra fictive vers une source lumineuse fictive permettant d'éclairer l'objet. C'est ainsi que l'ébauche d'une lampe se transforme en une véritable lampe de dessinateur renvoyant des effets à l'image du réel.

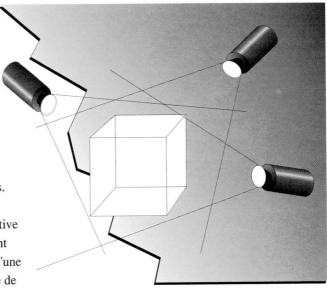

Les programmes de raytracing aident à pénétrer dans le monde merveilleux des animations sans oublier que ce procédé nécessite un PC configuré adéquatement pour satisfaire toutes les envies.

Le bon choix du logiciel d'animation

Des logiciels pour réaliser des animations personnalisées ? Il en existe pour tous les goûts et pour toutes les bourses. Au top niveau arrive le programme 3D Studio de Autodesk capable de répondre aux besoins professionnels et particuliers. L'utilisateur à domicile devra choisir plutôt Autodesk Animator. Si vous faites vos débuts dans le domaine de la simulation et de l'animation par ordinateur, consultez d'abord les offres en shareware. Economie d'argent pour les utilisateurs de CorelDraw : ce logiciel puissant - surtout depuis la version 4 - permet de créer des animations simples et faciles. Le programme CorelMove est déjà un outil permettant de faire ses premiers pas dans le monde du dessin animé.

Matériel requis pour créer des animations

Il est nécessaire de remplir les conditions matérielles requises pour créer des animations sur PC. Un bon PC s'impose en plus d'une bonne dose d'imagination et d'un logiciel adéquat. Vu les énormes quantités de données qui résultent d'une seule séquence animée, il convient d'avoir un gros disque dur d'au moins 1 Go. De même, il faut que la mémoire vive soit suffisante. 8 Mo représentent ici le minimum vital. A vrai dire, il vous faut un bon PC multimédia (au moins 486 DX2, 66 MHz) équipé d'une carte son, d'une carte graphique rapide et d'un moniteur haut de gamme.

Cyberspace : nouvelles dimensions sur PC

Le rêve de l'utilisateur informatique est en passe d'être exhaucé. Entrer directement dans son jeu préféré, agir comme un vrai héros et influencer le cours du jeu - tout cela devient possible pour l'utilisateur à domicile. Participer activement aux événements - tels que les jeux - n'est plus du tout un rêve utopique à condition bien entendu d'être équipé adéquatement. Les premiers systèmes Cyberspace, destinés spécialement aux jeux informatiques, emmènent l'utilisateur dans un univers PC complètement nouveau. Contrairement à la manipulation classique en 2D du jeu informatique sur le moniteur, le Cyberspace ouvre la nouvelle dimension du 3D. Elle donne l'illusion d'être à l'intérieur du monde présenté - tel un jeu d'aventure - et de chasser réellement les monstres. Bien calé sur votre chaise, vous vous introduisez dans des mondes merveilleux avec des lunettes optiques, un casque virtuel et une manette, le tout raccordé au PC. Libre ensuite à vous de voyager à travers l'univers fascinant de l'informatique. Dans d'autres domaines (architecture, pilotage ou médecine), cette réalité est déjà depuis longtemps utilisée.

Cyberspace et réalité virtuelle

Celui qui pense que Cyberspace est une vision futuriste encore très lointaine se trompe énormément. D'ores et déjà, la simulation de mondes merveilleux est utilisée pour la composition d'objets architecturaux. Simuler l'aménagement intérieur d'un appartement ou l'emplacement des monuments et bâtiments d'une ville entière sur PC ne représente pas seulement un avantage financier. Les atouts sur le plan de la conception ne sont pas à négliger. La mise en pratique de la réalité virtuelle est faite depuis longtemps dans l'apprentissage du vol dans l'espace. Un nouveau champ d'application s'ouvre aujourd'hui avec la médecine. Et dans le domaine privé ? Pour que la réalité virtuelle soit largement utilisée dans le domaine privé, il faut que le PC soit équipé de tous les accessoires nécessaires. A l'heure actuelle, le phénomène de la réalité virtuelle fait fureur dans les jeux informatiques qui sont encore proposés à des prix élevés.

Ce qu'il faut comprendre par Cyberspace et réalité virtuelle

La notion de Cyberspace a pris naissance dans les romans de science fiction de William Gibson. Cyberspace représente un monde purement imaginaire simulé dans l'ordinateur avec un logiciel. La simulation concerne des mondes personnalisés ou des mondes virtuels (fictifs). Les jeux informatiques ont l'art de décrire les mondes virtuels. Chaque jeu informatique - jeu d'aventure, jeu d'adresse ou simulation de vol - se déroule dans un monde spécifique avec ses propres règles que l'utilisateur PC parcourt avec le clavier, la souris ou le joystick. Avec les performances des systèmes Cyberspace, l'utilisateur dirige le cours des événements de ses propres mains. Techniquement, Cyberspace n'est qu'une interface 3D sur PC.

Fonctionnement de la réalité virtuelle

Une casque virtuel et une manette sont les deux éléments indispensables pour pénétrer dans un monde virtuel. Un casque virtuel ressemble à des lunettes de plongeur. Mais là où on a l'habitude de voir des verres, on trouve deux petits moniteurs couleur à cristaux liquides. Les images sont projetées directement vers les yeux. Les mouvements de la tête produits par le Cybernaute sont évalués et renvoyés au PC. Cela donne l'impression d'être projeté directement dans l'espace car les images apparaissent dans le champ de vision concerné. La manette permet de manipuler les objets dans l'espace virtuel. Les mouvements de la main sont interceptés de façon sensorielle et transmis à l'ordinateur. L'ordinateur reproduit les mouvements de la main en images virtuelles.

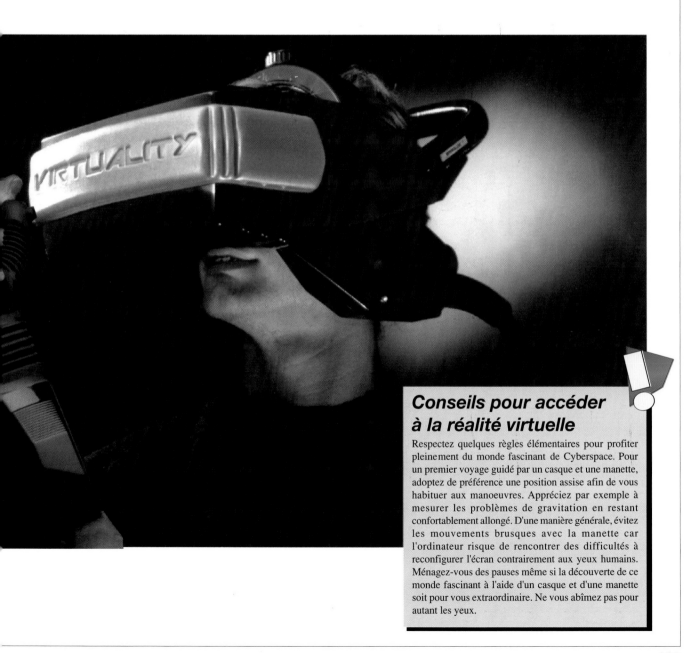

Conseils pour accéder à la réalité virtuelle

Respectez quelques règles élémentaires pour profiter pleinement du monde fascinant de Cyberspace. Pour un premier voyage guidé par un casque et une manette, adoptez de préférence une position assise afin de vous habituer aux manoeuvres. Appréciez par exemple à mesurer les problèmes de gravitation en restant confortablement allongé. D'une manière générale, évitez les mouvements brusques avec la manette car l'ordinateur risque de rencontrer des difficultés à reconfigurer l'écran contrairement aux yeux humains. Ménagez-vous des pauses même si la découverte de ce monde fascinant à l'aide d'un casque et d'une manette soit pour vous extraordinaire. Ne vous abîmez pas pour autant les yeux.

Internet

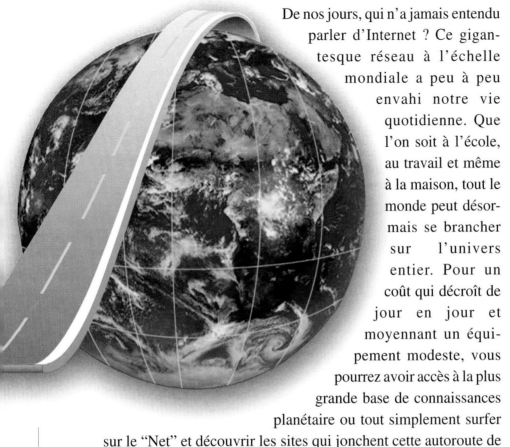

De nos jours, qui n'a jamais entendu parler d'Internet ? Ce gigantesque réseau à l'échelle mondiale a peu à peu envahi notre vie quotidienne. Que l'on soit à l'école, au travail et même à la maison, tout le monde peut désormais se brancher sur l'univers entier. Pour un coût qui décroît de jour en jour et moyennant un équipement modeste, vous pourrez avoir accès à la plus grande base de connaissances planétaire ou tout simplement surfer sur le "Net" et découvrir les sites qui jonchent cette autoroute de l'information qu'est Internet.

Les origines d'Internet

Bien que son nom soit sur toutes les lèvres, ses origines restent pour certains encore inconnues. C'est à l'armée américaine que l'on doit le concept d'un réseau de cette envergure. Le Pentagone voulait en fait se doter d'un réseau de communication reliant ses centres de recherche qui puissent résister à une attaque nucléaire. C'est à partir de 1969 que les concepteurs ont eu l'idée d'établir une structure maillée en "toile d'araignée". Le principe était simple, l'information pouvait arriver à destination par plusieurs chemins possibles. Ainsi, dans le cas d'une destruction d'une partie du réseau, les données pourraient être acheminées à bon port.

Ce n'est qu'au début des années quatre-vingt qu'un grand centre de recherche américain créa un réseau de cinq grands centres de données informatiques destinées aux chercheurs. L'idée d'un tel concept fut si appréciée que des sociétés décidèrent de s'insérer dans le réseau. L'une des forces d'Internet réside dans l'utilisation des lignes de communication comme le téléphone pour le transport des données.

Qu'est-ce que c'est ?

Internet consiste en l'interconnexion de milliers d'ordinateurs reliés entre eux, des petits, des moyens, des grands. Celui de la NASA, celui de l'Elysée, mais aussi celui de Marcel Nedelec, agriculteur breton et peut-être le vôtre aussi. Une fois connecté, l'utilisateur a accès à toutes les données mises en commun. Il peut alors communiquer avec les autres et échanger des informations. Internet est une mine de base de connaissance phénoménale qui contient à peu près toutes les réponses aux questions que chacun de nous se pose. On entend souvent parler du WWW (World Wide Web) ou toile d'araignée à l'échelle mondiale; ce nom désigne l'une des facettes préférées des "Netsurfers". Le WWW peut être présenté comme un super Minitel multimédia, rapide, plus économique, plus convivial mais surtout énormément plus riche.

Quels services propose Internet ?

Internet regroupe plusieurs sortes de services complémentaires pour le plaisir de tous.

Le E-mail (Electronic-mail) ou courrier électronique est l'un des premiers plaisirs d'Internet. Il s'agit là d'un moyen de communication qui surpasse les performances du courrier postal traditionnel. Vous pouvez tranquillement écrire une lettre sous votre traitement de texte favori en y joignant pourquoi pas un fichier graphique, photo ou autre. Une fois vos données prêtes à partir, d'un simple clic, celles-ci arriveront à son destinataire dans les secondes qui suivent, et ce, qu'il soit en Australie ou encore au Canada.

Les Forums (News) sont une particularité d'Internet. Il s'agit de sites particuliers qui regroupent les messages échangés entre personnes qui partagent un intérêt commun.

Sous cette définition un peu générale se cachent en fait des dizaines de milliers d'utilisateurs qui communiquent entre eux sur des sujets aussi divers que le cinéma, les ovnis et pourquoi pas la fabrication de crosses de hockey au Chili. Les messages sont souvent du type questions-réponses, mais aussi des commentaires sur tel ou tel sujet.

Une réelle camaraderie règne autour de ces forums. Un utilisateur désireux d'avoir un renseignement sur un sujet précis peut facilement obtenir une cargaison de réponses en envoyant sa question sur le forum adéquat.

Pour tout ce qui concerne la recherche ou des sujets bien précis, il existe sur Internet des services de recherche (Archie, Wais, Veronica ou Gopher) qui forment des bases de données tenues à jour et prêtes à tout vous dévoiler. La recherche d'informations est aussi simple que de chercher un mot dans un texte avec un simple traitement de texte. Pour tout ce qui concerne les transmissions de fichiers entre utilisateurs, le protocole FTP (File Transfert Protocol) est le plus utilisé.

Enfin, pour ceux dont l'esprit s'est évadé à l'évocation d'un super Minitel multimédia, le WWW saura combler tous vos désirs. Considéré à juste titre comme le côté le plus attrayant d'Internet, le WWW est un moyen efficace et convivial d'accéder à presque toutes les données d'Internet. Entièrement visuelle, l'interface utilisateur permet aussi d'écouter les sons proposés (commentaires, musiques,...) mais aussi d'admirer les

animations parfois disponibles. En vous connectant par exemple à un serveur sur le cinéma, vous pourrez prendre note des heures des séances pour le film choisi et même parfois en voir un extrait ou la bande d'annonce. Vous voulez faire une charlotte aux fraises, pas de problème, vous en trouverez la recette sur le WWW...

L'utilisateur a vraiment l'impression qu'il y a de tout sur Internet. Un nouveau site se crée toutes les deux secondes dans le monde !

Pour se connecter, rien de plus simple. Il vous faut un modem, une prise téléphonique et un kit de connexion Internet. Il existe une multitude de kits de connexion qui comprennent pour la plupart les logiciels de communication et de navigation sur Internet mais aussi toutes les modalités de connexion pour la plus grande facilité de l'utilisateur.

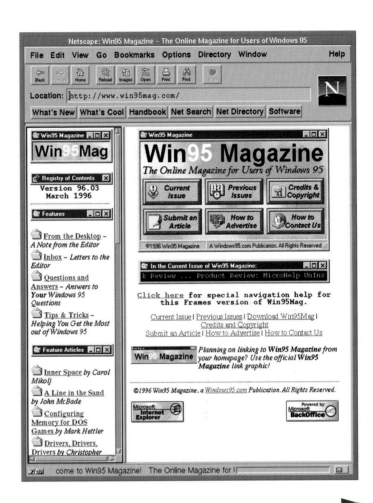

Voici une petite liste de bons sites WWW

- **http://www.windows95.com :** Tout sur Windows 95 (sharewares, magazines,...)
- **http://www.yahoo.com :** Serveur de recherche sur Internet
- **http://www.microsoft.com :** Site de Microsoft
- **http://www.club-internet.fr :** site francophone qui regroupe beaucoup de thèmes
- **http://www.gamesdomain.co.uk :** tout sur l'actualité des jeux vidéo !

Les Smiley

Depuis un certain temps, les utilisateurs d'Internet ont adopté un langage particulier : Les Smiley. Les symboles **:)** prennent une toute autre dimension lorsqu'ils sont regardés en penchant la tête vers la gauche. C'est alors un visage souriant qui vous regarde. Il en existe une grande quantité dont voici les plus usités pour communiquer des sentiments.

:-)	sourire
:-*	un baiser
:-(	tristesse
:'-(	pleurer
0:-)	un ange
:-O	oh !
B)	lunettes de soleil
:-{}	moustache
:-?	Fumer la pipe

189

Achevé d'imprimer
par Mame Imprimeurs à Tours